出版説明

《香港指南》一九三八年由商務印書館初版，是最早一本由中國人編寫的介紹香港的旅遊書。書中概述香港、九龍及新界的歷史沿革、名勝古蹟、風土人情、農漁工商交通業、教育狀況，提供遊客衣食住行實用資訊，諸如入境須知、遊覽規劃、幣制、住宿、餐飲、車船時刻價目表等，資料翔實，是珍貴的歷史記錄。

編著者陳公哲，廣東中山人，一九三八年移居香港，考古著書，香港淪陷後遷回內地，一九六一年在香港逝世。陳氏是考古學家，書法家，發明家，武術技擊家，是首位在香港考古發掘的華人，是精武體育會創辦人。另有《香港考古發掘》《精武會五十年武術發展史》《科學書法》等著作。

香港商務印書館創建於一九一四年，致力弘揚中華文化，推動香港文化教育，與時並進，從書中當時商務的廣告可略見一斑。值商務印書館成立百年之際，以復刻版刊行本書，藉重現香港歷史風貌，紀念本館服務香港的歲月。

商務印書館編輯部

二〇一四年六月

商務印書館

出版家　印刷家　教育用品製造家　鉛字鑄造家

創立於民國紀元前十五年　資本金國幣五百萬元

營業要目

編印學校課本

本館遵照教育部頒修正中小學課程標準，編印中小學校教科書，風行全國。更編南洋小學教科書全套，供華僑學校之需用。師範學校、職業學校及民衆學校教科書均新出多種。又編印大學叢書，以促進我國學術之獨立。

發行圖書雜誌

印行各科參考圖書，並彙刊「四部叢刊」正續三編「四庫全書珍本」「百衲本二十四史」「叢書集成」「萬有文庫」第一二集「小學生文庫」「幼童文庫」「小學生分年補充讀本」等有系統之鉅部書籍。復努力編印新書，至少日出一種。發行「東方雜誌」「東方畫刊」「教育雜誌」「少年畫報」「兒童世界」「兒童畫報」「英語週刊」「出版月刊」等定期刊物。原版西書，亦有發售。

纂輯字書年鑑

編著中西文及專科字典辭書數十種，新穎完善，久爲讀書界所稱許。各書近多經增訂，並附四角號碼索引，更便檢查。又發行「內政年鑑」「財政年鑑」「中國經濟年鑑」「鐵道年鑑」「英文中國年鑑」「中華民國統計提要」等參考要籍。

供給文具儀器

監製各種文具儀器，運動用品，風琴樂器，國語英語留聲機片，自來水筆，教育玩具等，品質精良，售價低廉。創製華文打字機，歷經改良，效率益高。遵照教育部頒布學校科學設備標準及課程標準，創製中小學自然科學設備用品，分組發售。

承接各項印件

承印中西書籍，有價證券，股票支票，禮券證書，簿册單據，名片禮帖，中西箋封，商標貼頭，廣告用品，無不印刷精美，取價低廉，交貨迅速，約期不誤。並自製中西文鉛字銅模，廉價發售，仿古鉛字，更以精雅著稱；最近創製「實銅字模」，價廉經用，尤爲印刷界之恩物。

附設函授學校

本館附設函授學校，爲國內歷史最久設備最善成績最著之通信補習教育機關。中學部於原設國文、英文、日文、圖書館學四科以外，增設算學、自然、史地三科。近又添辦大學部，聘請大學校長教授及專家多人爲顧問，暫設十五學系，六十學程，規模益備。

香港

華達手帕製造公司

電報掛號

"WELTEDCO"

CABLE-ADDRESS

"WELTEDCO"

HONG KONG

REGD.

TRADE MARK

註冊商標

THREE SHEEP BRAND

三羊牌

HANDKERCHIEFS

廠址

勳寧道二四至二六號

電話

二八四五七

WELTED MANUFACTURING CO.

NOS. 24-26, FLEMING ROAD, TEL. NO. 28457

HONG KONG

香港華達手帕製造廠
物力不競外舶東來漏卮不塞耗我
民財猗歟斯廠風氣先開提倡
國貨實業之階智術巧述抄
有鎔裁挽回权利富兆京垓
王家烈題
王家烈印
都試用

本公司所製三羊牌手帕，工作精緻，花樣新奇，質地優美，擔保永不脫色，凡經購用者，莫不交口稱譽，曾參加各處國貨展覽會，均獲名人題獎。

[GH] WMC

灣仔告士打道

六國飯店

電話三〇三八一

旅業部為香港唯一幽雅之華人旅舍

職工服務忠誠通曉各種言語

酒菜部中西酒菜隨時均備

加設四川菜部

六國汽車公司

新式汽車

日夜租賃

電話二弍六二六

三弍六二六

商務印書館創製

政府准予專利

賽銅字模

有普通銅模之長
無普通銅模之短

既便取攜 又易購置 列表比較 一覽可知

	製造需時	物性：比重	物性：每方吋重	物性：抗壓強度	物性：彎曲強度	售價	重量
普通銅模	銅模之電鍍時間須歷三星期嵌心需半小時	八・九	五・一八四兩	三〇，四〇〇磅／方吋	二，〇〇〇磅／方吋	每枚約一二角每副約七千字售價在一千元上下	四號字銅模每副重七十八公斤頭二三號字尤重
賽銅字模	同時製模一百枚僅需時十分鐘	一・四三	〇・八八兩	二七，五六二磅／方吋	一四，二八七磅／方吋	每副定價二百餘元至四百元約當銅模三分之一	僅及普通銅模六分之一皮篋檢攜無不便利
		耐用程度與普通銅模等					

說明書備索

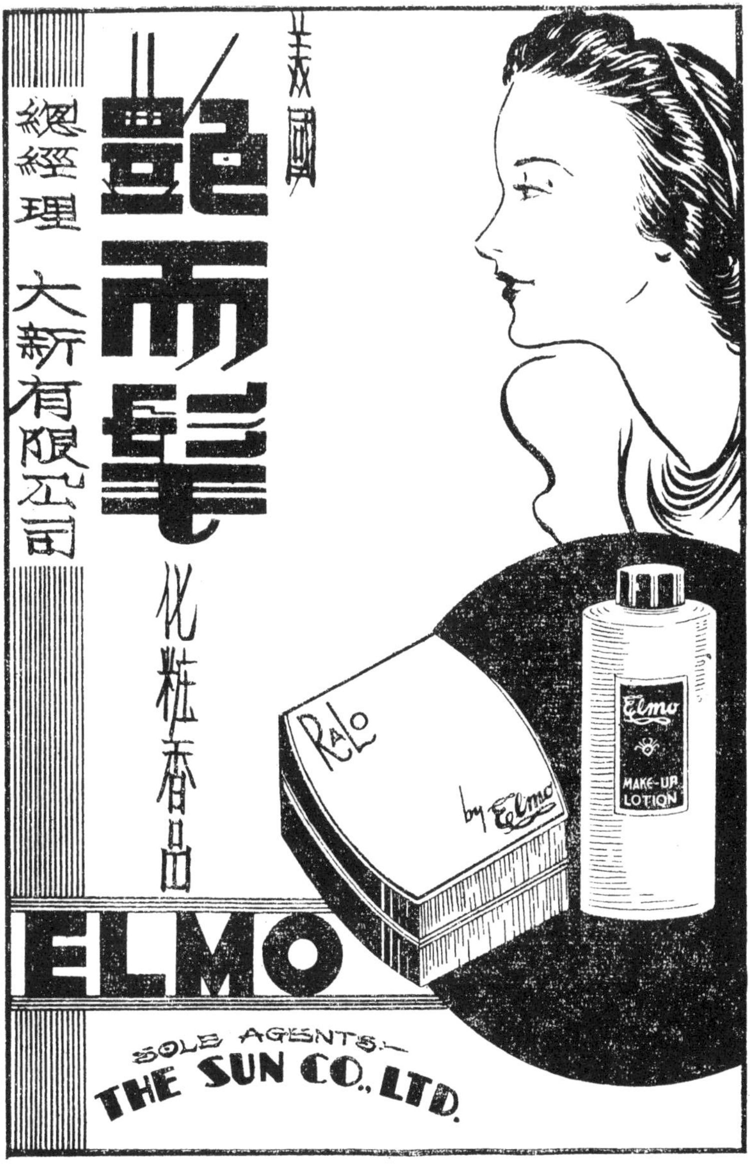
美國
艷而髮
化粧香品
總經理 大新有限公司
RaLo
by Elmo
Elmo
MAKE-UP
LOTION
ELMO
SOLE AGENTS.-
THE SUN CO., LTD.

本港首創第一家製造
「萬」牌 MEM 半軟硬領西裝襯衫
註冊商標
MEM
花色新，工作好，
尺寸合，質料美，
本廠專製恤衫睡衣內衣內褲晨褸浴褸領帶零沽批發來料定造一律歡迎
選用上等原料
採取公道價錢
領部半軟硬式
洗後仍屬一樣
國民內衣製造公司出品
總工廠灣仔勳寧道十三至十五號電話三弍六六三
分銷處中環永樂街五十七號電話弍八四四壹

圖目錄

風景圖

地圖

港花之夏蘭子　　陳公哲攝

(三)

香港

香江燈火

區市港香

(五)

德輔道

公園

跑馬地

山頂纜車

海旁

望夫石

升旗日落

漁舟　陳公哲攝

筲箕灣　　陳公哲攝

(十三)

宋臺憑弔　　陳公哲攝

香港仔　陳公哲攝

舊堞殘陽　　陳公哲攝

古剎鐘聲　　　　陳公哲攝

香港出土漢陶碗

坭胎薄青釉底刻一㞢字市尺寬三寸七分半高二寸一分陳公哲藏

九龍出土三代前之石斧

黃麻色石市尺長一寸九分半寬一寸四分厚五分何恩寧藏

廚師得名全靠
天廚味精
能助主婦
調羹使丈
夫每飯都
歸心似箭
味精
VE-TSIN
香港營業所
莊士敦道五十九號
電話三〇九一五

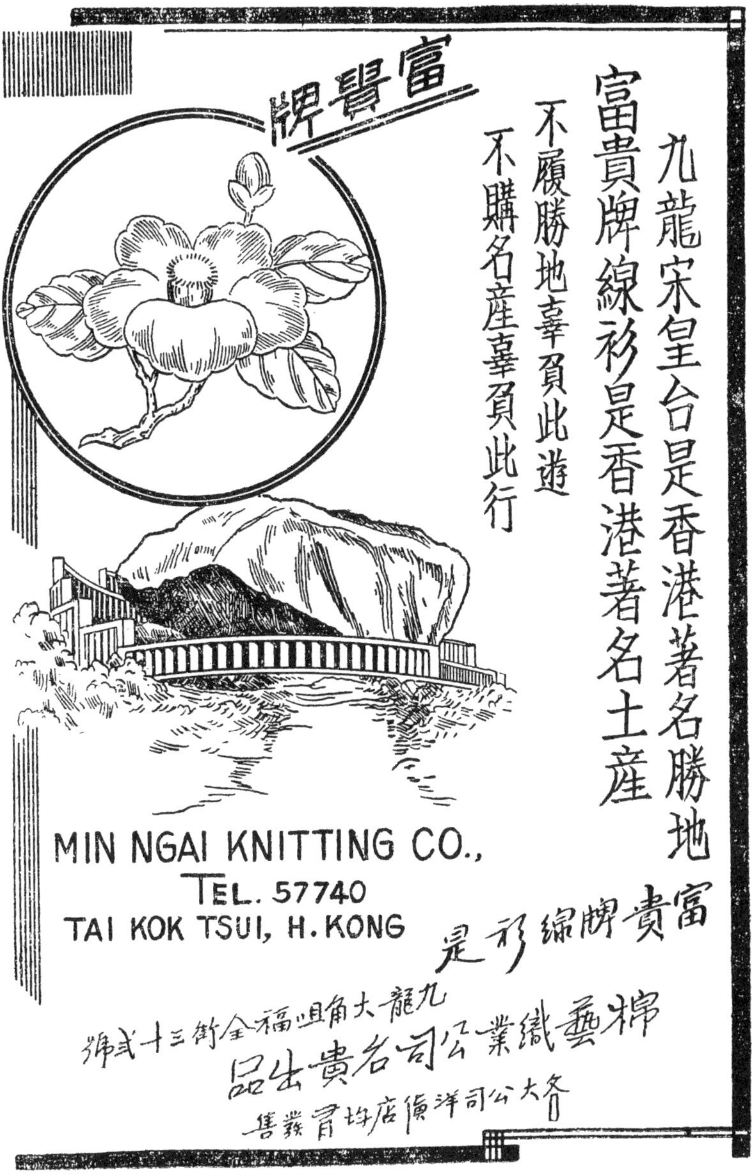
富貴牌
九龍宋皇台是香港著名勝地
富貴牌線衫是香港著名土產
不履勝地辜負此遊
不購名產辜負此行
MIN NGAI KNITTING CO.,
TEL. 57740
TAI KOK TSUI, H. KONG
富貴牌線衫是
棉藝織業公司名貴出品
九龍大角咀福全街三十弍號
各大公司洋貨店均有發售

FLOWER BRAND
PAINTS
VARNISHES
菊花牌油漆
CHINA PAINT CO. LTD. HONGKONG
菊花
FLOWER BRAND
WHITE PAINT
白漆 20 LBS
香港中華製漆有限公司
FLOWER BRAND
調合漆
READY MIXED PAINT
長頸鹿牌 汽車及工業用具噴漆
GIRAFFE BRAND
Pyroxylin Lacquer
CHINA PAINT MFG. CO., LTD. TEL. 56815.
香港中華製漆有限公司出品 製造廠及營業部 香港九龍鴉蘭街一號

目錄

第三編　旅館茶樓酒館……七三

第七編　公署會所報館商行名錄……一四九

序

指南之作，除爲旅客之衣、食、住、行、指導外，於一地之歷史、沿革、古蹟、名勝、風土、人情、務求詳盡。香港於百年前原爲海盜出沒之荒島，載籍既鮮，寶安縣志亦少論及。自割歸英國後，積極經營，漸成重要商埠，爲東方大港之一。顧其實況，在我國出版物中尚無詳盡之記載，而西文載籍以立場不同，取材亦異，未能盡適國人之閱覽。故本書編述，頗費周章，蒐集採訪，咸須親自爲力，如溯源歷史，繪譯地圖，訪求古蹟名勝，調查工、商、教育以及詳定遊覽程序等，皆是。書末並摘附粵語及中西街名對照表，以備初蒞斯士者之參考與認識，是則指南之外兼及於港志也。

中華民國二十七年七月十七日　陳公哲識於香港旅次。

商務印書館出版

字典辭書

- 辭源 丁種普及本 陸爾奎等編 正編二冊五元 續編一冊三元五角 全編三冊七元五角
- 王雲五大辭典（袖珍本） 王雲五著 三元
- 增訂王雲五小辭典 王雲五著 袖珍米紙本一元 布面本一元四角 紙面本七角
- 增訂王雲五小字彙 王雲五著 普通本二角
- 學生字典 陸爾奎等編 布面八角 紙面四角八分
- 實用學生字典 陸爾奎等編 三角二分
- 康熙字典 附考證及四角號碼索引 一元六角
- 新字典 陸爾奎等編 一元九角二分
- 縮本新字典 陸爾奎等編 布面九角六分 紙面六角四分
- 教育部公布國音常用字彙 教育部國語統一籌備委員會編 布面八角 紙面蜀分
- 依新標準訂正國音學生字彙 方毅等編 布面四角八分 紙面二角四分
- 國文成語辭典 莊適編 二元三角
- 國語辭典 教育部國語推行委員會中國大辭典編纂處編 第一冊三元
- 國音平音對照國語辭典 周銘三編 四角五分
- 標準語大辭典 全國國語教育促進會審詞委員會編 一元八角
- 國音標準白話詞典 方賓觀編 九角
- 國音白話註學生詞典 唐昌言等編 二元
- 平民字典 馬瀛編 五角六分
- 語體文應用字彙 陳鶴琴編 三角六分

- 新文化辭書 唐敬杲編 四元
- 英漢對照百科名彙 王雲五主編 二元五角
- 哲學辭典（縮本） 樊炳清編 三元
- 英漢經濟辭典 何士芳編 一元七角
- 法律大辭書 鄭競毅等編 三冊七元
- 教育大辭書（縮本） 朱經農等編 五元
- 小學自然科詞書 杜亞泉等編 二元四角
- 算學辭典 段育華等編 三元五角
- 教育部公布物理學名詞 國立編譯館訂 一元三角
- 又 天文學名詞 國立編譯館訂 八角
- 又 礦物學名詞 國立編譯館訂 四元
- 地質礦物學大辭典（縮本） 杜其堡編 三元六角
- 動物學大辭典（縮本） 杜亞泉等編 七元
- 教育部公布發生學名詞 國立編譯館訂 一元
- 植物學大辭典（縮本） 杜亞泉等編 三元八角
- 植物名實圖考長編（縮本） 清吳其濬撰 二冊七元五角
- 中國醫學大辭典 謝觀編 二冊十二元
- 教育部公布精神病理學名詞 國立編譯館編訂 二元
- 實用商業辭典 陳稼軒等編 二元九角
- 中國古今地名大辭典 臧勵龢等編 八元
- 中國人名大辭典 方毅等編 八元 索引四角
- 現代外國人名辭典 唐敬杲等編 四元
- 標準漢譯外國人名地名表 余祥森 何炳松等編 一元六角

尚有外國語字典多種不及備載詳見「圖書彙報」

[H]C423(4)-27:4

香港指南

第一編　概論

香港

香港位於珠江口東，在北緯度二十二度三分至二十二度三十七分，與東經度一百十三度五十二分至一百十四度三十分之間，原屬廣東省東南島嶼之一部，爲海盜出沒之區，又名香島、香海、香江、紅爐峯或紅香爐峯、裙帶路等名。其以香名者，相傳有女海盜名曰阿香；其以裙帶路名者，據土人言，最初英兵登陸時，由艇戶名羣者帶路。故諧音爲裙帶路；以紅香爐峯名者，因有峯名紅爐；此香港命名之所由來也。香港之英文名作 Hong Kong，讀如「康港」乃從蜑語音而來。原屬寶安縣，地未開闢時，其名不顯，縣志亦少論及，惟香港對岸有山名九龍，於元世祖亡宋以後，至元十九年

卽公元一二八二年，宋帝昺南渡時，曾一度登臨於九龍城沿海小丘石岩中，其地卽今九龍官富山之宋王臺。宋主再由此南航至崖門失璽，宋代遂傾。陳元孝崖門懷古中有「海水有門分上下，江山無地限華夷。」之句，數百年來，中朝屢易，而宋王臺之巍然巨石，尙屹峙海邊；以爲後人憑弔，撫今追昔，能無感慨系之。

最初居民爲本地、客家、蛋家三種。本地卽原有之居民，由廣州內地移寓於此者，言語與廣東同。客家原爲客籍，由北方來者，言語異於本地。蛋家又稱蛋戶或蛋民，卽棲息於水上之船戶。當時全港人口不過二千，最初香港之聚落，乃在島南之香港仔，外舶常就該處汲水。全島長約十一英里，寬自二英里至五英里，面積廣三十二英里。惟今日所謂香港，除香港島外，又包括九龍新界，及附近數十島嶼，總面積約廣三百九十英方里。

當十七世紀中葉，英國東方印度公司伸展其貿易區域至日本、臺灣、廈門等處。是時外人之在華南交易者，須由葡萄牙人經紀其事。該公司擬設立分公司於澳門，因當地商人懼奪其業，羣起反對，英人旣難立足，不得已乃改來此地。初因中西貨物禁例不同，且情況隔閡，與省治每起糾紛與戰

爭（事詳林文忠公事略）。晚清道光年間，兩廣總督爲便利英人通商起見，乃劃香港以居英人，而英國水師乃於公元一八四一年一月二十六日上午八時十五分豎旗登陸。至公元一八四二年八月二十九日，卽道光二十二年七月二十四日，南京條約承認香港屬於英國。此割讓香港之大概情形也。

當時兩廣總督之劃地以居英人者，以免中西雜廁，可少糾紛，且地屬荒僻，無關重要；在英人方面因在澳門不能立足，乃援澳門之劃與葡萄牙爲例，要求香港以爲交易之地，亦無取爲殖民地之決心。蓋此島氣候雖不甚炎熱，然暑期長至八閱月之久，殊不適英人作永久之居住，況每年又有颶風之侵襲，與瘧疾之發生乎！故當時英人有歌曰 "You go to Hong Kong for me."（用粵語譯「香港吓你去埋我個份。」）言其不可居之謂，且有一度提議放棄此地，不期未及百年，竟爲世界上最繁盛口岸之一，且爲一整潔舒適安居樂業之區，非獨爲當時中國朝野所不及料，亦英國官民所不及料也。而其所以有今日者，計於九十七年中，經二十一總督十一輔政司之治理，蕭規曹隨，立一法行一事，得居民之信仰，且因中西人士之合作，政治上軌道，有以致之。初以威廉堅（Capt.

William Caine)爲吏，一切法制皆盡量參照中國法律風俗習慣行使，以保護僑民生命財產治安，他國籍民則依照英國律例。首次土地買賣在一八四二年六月十四日舉行，此後建築開始，進步甚速，及至歲尾已由二千之港民增至一萬五千之數矣。

一八四三年四月五日英國政府正式宣佈香港爲分立殖民地，（直接英國政府，不受印度總督管轄。）任命砵甸乍(Sir Henry Pottinger)爲首任總督。

其初英商之來斯土貿易者，原爲打破以前在廣東之東方印度公司之壟斷，而提倡自由貿易，結果其理想竟能實現。一八四二年香港總督砵甸乍公佈本港爲無稅口岸，此例至今信守不渝，故本港之開發進步甚速。初闢皇后大道，長及三四英里，兩旁建築同時並舉，惜瘴氣爲患，疾病叢生，死亡枕藉。在一八四四年間，雖會一度商議放棄本島，卒因港督約翰得維斯(John Davis)堅持異議，並認疾疫僅爲時間上之問題，故終能克服創辦時之種種困難。雖以歷任總督與其直轄上級機關之國務大臣政策與權利之相左，與中國政府及兩廣總督交涉之困難，本港商務首要之意見，教會之干預，天氣之不良，種種皆足阻礙本港之發展。但本港之發展，仍按序而進，英人治事之精神與決

心，吾人實可借鑑。

香港大事記　一八五七年英文報館孖喇西報(The Hongkong Daily Press)創立。一八六〇年九龍半島與昂船洲劃歸英國管轄。一八六二年，建築大鐘樓於皇后大道東必打街口，即現時交通紅綠燈柱處，後因有礙交通，乃於一九一三年拆除。香港造幣廠成立，後以耗費過鉅乃停。一八六四年中文報館華字日報創立，而循環日報則在一八七二年刊行，此二報至今尚存，爲中國報館之最老者。一八六七年十一月一度大火，由皇后大道起燃燒至海旁航政局止，大多數房屋被燬。一八七二年東華醫院成立。一八七八年十二月二十五日第二次大火，火起於域多利道，共焚房屋三百六十八幢，港僑損失甚大。一八九四年英國下議院通過港督之呈請，准予增加議例局華人議席第二名。一八九四年疫症盛行，每日死亡率百人，共死二千五百四十七人，此時離港人民約有八萬人，本港商務受大打擊。一九〇一年天旱水荒，提議建築二百萬工程之水塘。一九一〇年十月一日完成廣九車路，由九龍至英段邊界計程二十二英里。復於一九一一年九月底，完成華段，計程八十九英里。一九〇六年九月十八日，颶風襲香港，雖時間甚暫，祇二小時，而風力之大，爲從來所未有，

坍屋沉船，傷亡八命在十萬以上，而財產損失亦在百萬以上，據港政局之事後報告，沉大船六十七艘，帆船六百五十二艘，篷艇五十四艘，小汽輪沉毀七十艘，其餘小艇約數百艘尚不在內。一九〇九年起，徵收煙酒入口稅。一九一二年三月香港大學行開幕禮。一九一四年大潭篤水塘完成。一九二五年五卅案起，香港大罷工，當時由省城來香港者，須先到上海再由上海趁海輪來港，需時八九日。一九三七年，九龍城門水塘完成，廣九路與粵漢路接軌，皆爲歷任港督所希望者。適於此時中日戰起，來港僑居避難者約四十餘萬人。

九龍

九龍爲半島地形，以有九山起伏故名。自一八六〇年十月二十四日，即咸豐十年九月十一日，訂立北京和約，割讓九龍至尖沙嘴爲界，面積廣四英方里。渡輪往來香港，交通稱便，沿岸築有碼頭，能泊最大之海洋巨輪，其背有廣九鐵路車站，自廣九與粵漢路接軌後，由本港可乘火車至漢口轉北平，經東北西伯利亞、莫斯科、華沙而達柏林，計分六段，爲期祇十八日耳。九龍之東有啓德航空站及啓德航空學校，近碼頭一帶有半島酒店，而華人旅館商店多開設於彌敦道一帶，住宅區則在彌敦道、九龍塘、太子道等處。

新界

九龍劃歸英國管轄之部分，乃以尖沙嘴爲限，後英人又向我國要求展拓界址。至一八九八年六月九日，即光緒二十四年四月二十一日，我國政府乃劃今日所謂新界地方爲租借地，爲期九十

九年，新界在陸方面，拓至粉嶺北與深圳交界處之河流，東通沙頭角，西達落馬洲，面積二百八十六英方里，有環界馬路，自尖沙嘴起計長五十六英里；在海方面則包括香港前後三十三島嶼，面積九十英方里，合共三百七十六英方里。陸分八大區，四十七分區，其著者爲沙田、大埔、粉嶺、上水、澳頭、元朗、平山、青山、荃灣等。島嶼多半爲荒島，且無人煙，其較大者有大嶼山（又名爛頭）、青衣、馬灣、平洲、長洲、南鴉。大嶼山有居民六千餘，員幅較香港爲大，尚未開闢。長洲在香港之西南，有居民五千餘，西南鄰近省區，外國教士以爲避暑區域，海浴尤佳，宜於垂釣，漁舟櫛比，風景天然。

財政

本港財政在一九三五間，歲入爲港幣三千零五十八萬五千六百五十圓，歲出爲港幣三千二百四十七萬六千一百零二圓，尚短一百八十九萬零四百五十二圓，而在盈餘帳內抵補，計截至一九三五年底止，尚盈一千零七十一萬零八百零七圓。

賦稅之收入包括輕稅，牌照稅，內部稅，堂費，郵費，廣九車路收入，政府產業捐，水費，煙酒稅，娛樂捐，及其他收入。

政費之支出，大部分如總督署，輔政司署，審判及律例各署，審核署，庫務署，船政署，華民政務司，海關監督署，郵政局，廣九車路局，教育費，軍費，公共債務利息，給養金，教育經費及各種慈善事業費等。

人口

按照一九三一年人口統計

全港人口	八四九、七五一人	在香港人口	四一〇、九二一人
在九龍人口	二六四、六七五人	在新界人口	九八、九〇五人
流動人口	七五、二五〇人		

本年中日戰起，來港僑居者增加二十餘萬人，避難者約二十五至五十萬人，皆不在其內。

人口國籍統計

中國人	八二一、四二九人	英國人	六、六八四人
英國駐兵	七、六八二人	印度兵	四、七四五人
葡萄牙人	三、一九七人	混血種人	八三七人
日本人	二、二〇五人	美國人	四九四人
法國人	三六〇人	斐律賓人	三三八人
德國人	一七九人	猶太人	一二九人
俄國人	一二七人	西班牙人	一二四人
意大利人	一二三人	那威人	一〇二人
芬蘭人	九六人	比利士人	一二人
其他各國	八八八人		

古蹟

考古發掘

香港沿海島嶼曾發見石、銅、陶、玉等古物。石器則爲斧、鑿、刀、簇之類。想當時銅鐵取材不易，土人磨石爲具，以獵魚獸，或非石器時代間物，當亦在三代以前所遺留。銅器則爲劍、匕、斧、簇之類，多鑄籀文，爲周秦時物。陶器則爲缸、罌、碗、砵，有隸書年號，爲西漢時物，其中並雜以唐宋間玉器及制錢，足證四五千年前已有居民，漢時已有駐兵，而唐宋間海行船舶多經此港，或受風災沉船，流落此項遺物。本港政府曾派人發掘，所得甚夥，存於香港大學以待考證，港僑私人亦有獲存者。

宋王臺

宋王臺在九龍城附近之官富場，以宋帝昺南渡時曾一度登臨其地，爲近海小丘，上多巖石，其最巨者約三百噸重，臺即指此。山麓有榕樹三五株，近年本港紳商爲保存古蹟計，乃闢爲園林，加建牆圍，以備遊人登臨遊覽。

侯王廟

侯王廟爲楊國舅亮節護宋帝南渡死於九龍，該地商民記念之爲建立此廟，在九龍城西，侯皇道之尾，其下有茶寮數間兼賣小食，以餃子沙河粉爲最佳，佈置清雅，遊人每來此休憩，可作半日之盤桓。

眞武大帝銅像

眞武大帝銅像重千餘斤，本置廣州某佛寺，民元間，省當局拆寺將像作廢銅出售，爲港商曾氏所得，乃於九龍城附近建立五龍廟，迎置銅像於其中。銅像鑄工極精，蓋五百年前之物。

九龍城

原爲九龍協，屬寶安縣治，城築於斜坡上，向市一面經已拆除。

青山禪院

青山禪院在青山，青山又名杯渡山，南宋杯渡禪師住錫於此故名，地處新界之西，自九龍趁第九路公共汽車可達。登山有兩途；一在正面，須舟渡淺灘，一繞曹園之背，逶迤斜上，宜倩人領路。從山

脚仰望梵宮禪院，掩映青翠松杉中，約略可睹，禪院築於山麓，楣額署「青山禪院。」四字，兩旁聯爲「十里松杉園古寺百重雲水繞青山。」上有海月亭，有匾曰「海含明月。」聯曰「白雲白鳥飛來去，青史青山自古今。」自海月亭俯瞰海天一色，誠奇觀也。杯渡巖之得名，緣巖中有杯渡禪師之石像。相傳杯渡圓寂後，有漁人自海邊網得一石，視之與杯渡禪師似，遂以爲像，背負登山置於巖中。後有十五壯夫試欲舁動此像，而未能云。像高度約四尺，作赭色袈裟。右有小平臺，上見石碑刻「高山第一」四字，傳爲韓愈筆迹，又有觀音閣、魚骨巖，巖中有魚骨數根，植於大香爐上，其長愈尺，謂昔有大魚長逾丈，因潮退擱於沙上而斃，僧命人舁其骨骼置之石巖中云。魚骨巖有小瀑布，泉聲潺潺，僧引泉院內爲客備浴，山趺有齋姑宿舍數所。

香港仔

香港仔在島之南部，百年前常有外人船舶每來此汲水，本爲漁村，蓋香港未闢埠前之唯一主要聚落也。現有縱橫馬路數條，舖戶數百間，酒樓茶館皆備，以海鮮著名。山麓有天后廟，亦爲香港未闢埠前之建築物，祭期，漁人必演戲酬神，香火甚盛。對岸有小島名鴨脷洲，舖戶居民與香港仔相等。

港中為漁舟麕集處，有大小遊艇可作水上之消遣，司櫓者多屬女性，有嘉興艇娘風韻，海上並有粥艇菜船似珠江之荔枝灣。

文武廟

文武廟在荷里活道之東，為香港未闢埠前之建築物，文祀文昌，武奉關帝，香火甚盛。政府對於華人之神權事業熱心保護。當一九三七年英皇加冕時，曾有金龍銀龍參加出遊，港政府且派英國大吏點睛，其尊重中國習慣如此。按中國迷信習慣，凡神主木偶於初祀時，必請紳耆用硃筆點睛，以示從此開光，神靈附託，是為祀神之一種禮節。

交通銀行

國民政府特許為發展全國實業銀行

經營一切銀行業務

各大商埠均通匯兌

資本國幣二千萬元

公積金國幣六百九十萬元

資產總額國幣五萬五千萬元

香港分行

地址：雪廠街五號

電話：三四一〇一　三四一〇二　三四一〇三　三四一〇四

電報掛號：九三六六

[GH]BCo

名勝

環島名勝

旅客之來本港遊覽者，最好有三五日之時間，倘匆匆過港者，雖少至數小時，可作環島遊覽，領略大概，其路線由東行或西行皆可，時間約一時半。

假定乘坐汽車由維多利亞市中心向西出發，沿途所見之景物，先經德輔道，見各商店及華人資本之百貨公司，至中環街市向右轉而出海旁，見各輪船公司碼頭及倉棧，至石塘嘴見各大酒家，爲香港筵宴笙歌集中處，靜於日而盛於夜，熱鬧隨燈火而來。

再進經域多利道，見硫磺海峽，爲本港之西入口海道，遠眺昂船洲於北，近望青洲於西，上有燈塔，行駛至歧路時則傍左而行，斜落摩星嶺山道，左右兩旁多私人園圃別墅。

東向轉入薄扶林道時則經媽麗醫院，更多園林別館，綠草如茵，白屋時見者，爲香港牛奶公司之分區畜牧場，再進爲華人永遠墳場，而達香港仔，有廟宇當前，卽天后廟，該處爲漁船停泊之區，有

廬山酒家、鎮南樓、新花洲等酒樓茶館，遊人多來蒞止。對岸有小島名鴨脷洲，左有小山上有中國古式建築物者，爲神道學院。

再前行至深水灣，有西人之高爾夫球場。再行約一英里於轉角處落斜坡時，遠望淺水灣全景，山明水秀，風景冠全港，當春夏之交，萬卉齊放時，無殊瓊瑤仙島。上爲淺水灣酒店，下爲海國游泳場。

自此復上斜坡而達赤柱，該處爲英兵最初登陸處。後因瘴氣過盛乃他遷。前有數墳場，卽爲醫學未倡明前而受蚊毒症瘴氣之犧牲者，今則昂昂建築爲聖士提反學堂校舍，赤柱村側爲以前著名盜藪。

其次值得一行瀏覽者爲大潭篤水塘，香港全市飲水大半仰給於是，能容一百五十萬加倫水量，在兩山之間築以石壩，上能行車，高及一百七十英尺，一巨大工程也。由水塘沿海行，有路可通石澳，步行三英里可達。爲香港另一風景區，其中有高爾夫球場、園林、別墅。由此遠望德忌笠海角，高縱天際之無線電臺在焉。

由大潭篤東向再前行，下坡經柴灣，而至筲箕灣，爲一舊港，倘時間許可，不妨下車步行至電車

終點，一遊其村落及廟宇。又此地多游艇，月明之夜，輒有男女榜人唱歌互答，夏時亦乘涼之所也。

由筲箕灣西向返程，途中經太古船塢及糖廠，商務印書館香港分廠，復見市廛而抵愉園，可在跑馬地環行一週，至海旁時遠望對岸卽九龍及港口。

由愉園再行經莊士頓道，兩旁右爲陸軍營房，左爲水師駐所，再前見巍峨大廈爲滙豐銀行，則已復入市區矣。

登升旗山

遊覽本港最愉快莫如登升旗山，有纜車可以代步。車站在花園道，車用電力開動，鋼纜牽引，逶迤而上，穿林越谷而兩旁園屋出現眼簾，蓊鬱可愛，至斜坡角度較廣時，則凌空直上，禦風而行，返看林屋有如下墜，其實車已升上雲巓，歷程一千三百英尺，爲時僅七分鐘耳。及巓空氣淸新，迥異市廛，離站遊行，俯覽海濴滄波浩渺，雲水相連，眞奇觀已。由車站至域多利峯有路可達，其程約五百尺，不喜步行者可乘肩輿（來回一次計銀七毫）達巓時全港島嶼在望，和風晴日，得見帆檣出沒，煙波浩渺之間，令人心曠神怡。

由山巔返程至車站時，右出盧吉道，風景新奇，路之北段乃用柱石支撐，一如入蜀棧道，工程之偉大爲各路冠，乃用人工征服自然者。此路由西高嶺而接域多利峯紆迴環繞仍至原處，步行約一小時，手車約半小時，當環行時俯瞰香港全景，一望無遺，如輿圖在望，海洋巨輪與巡洋艦大小直若小孩玩具耳。

既登升旗山不妨一觀日落，當金烏西墜時，萬道霞光射放，漸至景色灰沉，而全港電炬齊明，寶星萬點，間以紅綠檣燈，掩映海畔，而九龍燈色如珠串，蜿蜒猶龍，漸遠漸稀，至於無有，亦屬奇觀。

蟾蜍石

在升旗山頂北之無線電臺下，旁有舊礮者是，自堅道或海中仰望，宛若蟾蜍。俗傳此石每年爬高一粒米位，倘至頂，香港當陸沉，是以用鐵鏈鎖之，免其逐年高爬云云，未免怪誕。

姻緣石

在寶雲道中，左有亂石小路，拾級可登，架棚爲廟，內供巖石高僅尺餘，相傳凡關姻緣配耦，往求多驗。

張保仔故壘

香港前有綠林之豪曰張保仔，曾築礮壘以禦官軍，倘乘汽車至香島道，遠望鴨脷洲之東角，舊址在焉。

港花花塢

本港氣候溫熱時間爲多，草木繁盛，百卉多備，然每地必有其特產之花，如洛陽之牡丹，蘇州之珠蘭，福建之茉莉，而香港之花獨多外來異種，尤以 Hydrangea 夏蘭子最名貴，爲八仙花屬，色分赤、紅、紫以至淡藍等色，於陽歷六月爲開放期，升旗山頂及西高嶺最多，可稱爲香港花塢，乘纜車可達。當其開放時滿山滿谷，如火如球，燦爛悅目，此花在歐西花類中稱爲上品，園無此花者不足以稱名園，購花一握以爲堂構點綴者，價值可觀，而況本港之花朵則較原種爲大，蓋以氣候適宜，尤爲茂盛，人人皆知日本三月之櫻花，且以此爲其國花，號召遊侶，風雅之士每買舟往遊，而不知香港有此夏蘭子，足敵三島之櫻花者。作者有詩以紀其盛。

登花塢觀夏蘭子有感

香港扶桑有兩奇　春櫻先放夏蘭遲　如今祇見芳蘭好　薄爾櫻花早早衰

公園

俗名兵頭花園，因鄰近香港總督公署故名，在上亞厘畢道，爲香港最大之公園，奇花異卉，集植於是，尤以棕櫚科植物種類爲多，蕨則高大如樹，有來自太平洋中新喀利多尼亞島（New Caledonia）之松一株，葉如瓦松而特短。園中又有動物若干種，以小種水牛爲最罕見。

利園

利園原名渣甸山，在怡和街，本爲怡和洋行職員別業，佔地可數十畝，後售於華商。園中鑿山塡地，闢爲市廛，所餘山丘，上多樹木蓊鬱可愛，且加建亭臺，曾一度爲遊樂場所，後以營業不振，乃局部分租與各電影公司爲攝影場，一部仍爲園圃，專植盆栽兼畜水族。丘上有古榕一株，爲百年前物，榕鬚十餘倒垂植地，大且及幹，遠望之有如巨象骨骼，眞奇樹也。有樓宇數幢，夏日常售茶食，今年文藝界集中香港，乃改爲藝人俱樂部。

跑馬地

跑馬地在愉園，爲中外人士賽馬處，每當春秋佳日，則舉行賽馬兼售賽馬彩票。

新界名勝

赴新界東行西行皆可，倘在下午宜向東出發，自西而返，太陽斜照，水光山色，撲人眉宇，假定由尖沙嘴碼頭起，先經彌敦道有中西舖戶及普慶、平安等戲院，爲九龍最繁盛之商業區。再過右爲九龍塘，即最新式之園林住宅區，車行至彌敦道底時，向右轉入大埔道而上斜坡，每一轉角則島角與山峯之境界不同。

路愈高則愈狹，紆迴山澗，穿插松林，及九龍水塘時，路旁多猴甚馴，見人求取食物，故旅行時宜預攜果物爲餌，以便戲猴，當其一猴啼叫，則羣猴並至，數以百計，誠趣事也。由水塘轉至沙田，爲全港之膏腴處，產米最佳，右爲半島，沿海多山，以獅山爲著，其後爲望夫石，高二丈，若有婦人背負小兒兀立山頭，眞奇石也。乘廣九車至沙田站，約行一英里，或由九龍城高越獅嶺轉折可達。車漸落坡與鐵路平行，至沙田站見城門河流，爲九龍水源供給之發源處。過此小灣，有數小丘，卽馬鞍山，本港人士多來登臨。

再前駛坡復斜上至高出水平線時，風景一新，遠望大埔，卽本港最大之鄉村，八仙山連綿於後，港爲吐路港，此處適於步遊，再前爲大埔墟，經隴畝大路而入粉嶺，多中西園圃、別墅、俱樂部及高爾夫球場等。粉嶺有路向右斜出，長約一英里，可至沙頭角，倘時間許可不妨一遊。

越粉嶺後，地多平原，屬種植區，右多小山，有河爲深圳河，中英交界卽在此處區分。右有小山起伏，屬大帽山支脈。至澳頭時，左有小路可通錦田，由澳頭至元朗一帶多屬田圃，循大路前行復見海與山，是爲青山，於青翠掩映中可見梵宮廟宇，青山禪院在焉，遊客可一莅止。

過青山則路轉向左，沿海有游泳場，遠望海中一大島爲大嶼山及珠江口外諸小島。再前行至荃灣，其路迤邐海旁，紆迴曲折，花木幽深，左有路乃通城門水塘，爲世界最大水塘之一，築於大帽山麓。其右青葱獨盛者爲波蘿種植場。

由此下坡復見九龍及港口之繁盛處，深水埗一帶爲香港之工業區及花圃其右多造船廠與碼頭，環行終點，仍至尖沙嘴爲止。

(一)香江燈火　香港入夜以後，自九龍或港中遠望山麓，燈火萬家，燦爛奪目，堪稱奇景。

(二)小港夜月　香港仔月夜不減珠江，放槳中流，領略漁家風味，一樂也。

(三)海國浮沉　淺水灣有海國游泳場，蜿蜒沙灘之外，東望南海，水天一碧，波濤浩渺，風景極佳，游泳者尤衆。

(四)筲箕夜泊　箕筲灣有遊艇，每當夏曆月半，蛋民風俗青年男女喜以情歌互答，泛舟中流，賞月聽歌，遊者不啻置身世外桃源矣。

(五)升旗落日　登升旗山觀落日，霞光雲影，變幻莫測，與泰山實無多讓。

(六)西高夏蘭　西高嶺夏蘭子夏日盛開，滿嶺如堆錦繡，是亦一景。

(七)宋臺憑弔　宋王臺爲宋帝昺南渡駐蹕之所，臺草萋萋，足資後人憑弔。

(八)破堞斜陽　九龍城尚餘殘堞，蜿蜒山畔，當夕陽西下時，郊外風光以此爲最。

(九)古刹鐘聲　青山禪院在青山之麓，爲香港惟一古刹。

(十)松壑猴羣　大埔水塘下松林中多猴，攜果餌之，諸猴俱集，怪態百出，別饒趣味。

漁家曲又名鹹水歌（旁加小字爲唱時附加調語）

游河歌

好耐未曾哪你河邊運運過哪姑你麼，又等你姑清閒無無事囉你使艇游吓囉河。

調情歌

女唱

個只黃蜂又針晚霧囉飛埋遊花園林囉姑你麼，見嘹花唔採話弟囉就係仙囉人。

男唱

唔係貪花囉勢有花園囉去去逛囉姑你麼，唔係貪花人囉人仔囉勢有花嘹園來囉行。

女唱

弟你有嘹心囉留心囉等等啦候囉姑你麼，留心囉等囉等候囉你轉嘹水埋哦囉頭。

交通

香港為華南與歐洲各國往來首一要衝，有天然之深港，萬商雲集，往來船舶，遠自重洋，近自沿海，小輪航渡，兼通內地，四方輻輳，星羅棋布，誠一最繁盛之大港也。查一九三五年入口起卸船舶約九萬五千艘，貨物四千三百萬噸，陸有鐵路可直達中國腹地，而公路亦與中國公路銜接，空有帝國航空公司線可飛至英國之倫敦與澳洲；汎美航空公司線可飛檀香山及美國之新金山；歐亞航空公司可達漢口、成都、寧夏及河內；中國航空公司線可達北平、上海、桂林、成都等處。

香港與九龍本隔一港，兩岸交通有最新式之渡輪碼頭數處，小火輪、汽船、杉板，隨時可僱。陸上則有公共汽車、電車、汽車、人力車，上坡則有肩輿，登山則有山頂纜車。

[GH]CTS

商業

香港當中國西南衝要，商業進出口以洋米、麵粉食品、機器、五金、汽車、藥物、油料、煙葉、絲綢、棉織品、蔴袋、玻璃、紙張等爲大宗。英美各國皆有商業經營，其尤著者爲怡和、太古各洋行，尤以中國人經營之商業爲最多，而中國人在港之可以自由貿易，一如歐美人士。中國自營之銀業分銀號與銀行二種。銀號約有十餘家，銀行有廣東銀行、廣西銀行、中國銀行、交通銀行、上海商業儲蓄銀行、東亞銀行、中南銀行、嘉華銀行、廣東省銀行、國民商業儲蓄銀行、永安銀行、中國農民銀行、鹽業銀行等。百貨公司有中華、先施、大新、永安等。報館有華字、循環、工商、南強、南華、華僑等二十餘家。商業貨品進口者來自東西兩洋，棉織品一項由英國進口者，雖與東洋貨相競爭，羊毛織品來自英國者貨較精美而價値亦較貴，來自東洋雖價値較廉而不耐用。出口貨則以糖業爲多，自廣東省政府自設糖廠後，運赴廣州者較前爲少，而水坭一項本港有廠製造，日本水坭則貶價傾銷，亦爲本港水坭營業之一大強敵。出口貨則由廣東運赴外洋之生絲，運赴歐洲之桐油、草蓆、牛皮、糖，薑運銷菲律賓、南洋羣島，暹羅、印度之綿織衫襪、電筒、樹膠鞋、豬油等爲大宗；此香港商業之大概情形也。

三星牙膏
各大商店
均有出售
品質最高！
牌子最老！
DENTAL CREAM
三星牙膏
THE CHINA CHEMICAL WORKS, LTD. SHANGHAI
上海中國化學工業社製
上海
中國化學工業社出品
香港發行所
乍畏街九十四號
(電話三二式二〇)
成39

[GH]COW

工業

香港爲遠東大港之一，其首要工業爲船廠，開港之初，原設於香港仔，後因時移勢易，中心點移於港口，乃改設於九龍之紅磡灣，屬於香港黃埔船塢有限公司，築有船塢能容三萬噸之巨輪，如加拿大皇后可入塢修理，並有旱塢能造萬噸以上之海輪。其次爲太古船塢，亦爲遠東一等大船塢之一，二者能容工人以萬計。其他實業如鍊糖廠、士敏士廠、繩纜製造廠、桔水廠、鍊鉛廠等。中華電燈有限公司資本一千萬元，電力供給遠達新界，故本港之大小工業能如此發達者，電力方便爲一大助也。以上皆爲英人管理之工業，紡織廠曾一度設立，因就近無棉花出產，不能與上海紗廠抗衡，乃自行歇業。華人工業則有燒磚業、鍊煤業、膠鞋業、絲織工業、棉織工業、電筒工業、服飾工業、染布業、線衫、線襪、毛巾、製帽、化粧品、糖果餅乾、罐頭、製梘、玻璃、蚊香、涼果、機器、時鐘、印鐵、製銅、鋼窗、風燈、鉛錳、製茶、線轆、製革、皮具、印刷、墨汁、樟木家具、手帕、鋼琴、鉛筆、牙籤、製麵、燈泡諸業。以上工廠資本多至一二百萬圓，少則一二千金，由大規模之工廠以至小組織之家庭手工業，約略統計華人資本不下數千萬

圓，幾佔全港經濟發展之一部分。在此港僑工業中，資本較爲雄厚者爲南洋兄弟煙草公司、中華兄弟帽廠、康元製罐分廠、廈門淘化大同罐廠、青山磚廠、商務印書館分廠、中華書局分廠、安樂園公司、馬寶山公司、民元布廠、廣生行、百家利、先施化粧品等工廠，中國線轆廠、寶華膠木廠、國民噴漆廠、廣萬隆爆竹廠、安樂汽水廠等。在港華人工業能如是之蒸蒸日上者，蓋（一）以政治安定；（二）爲無稅口岸，機器貨物出入絕不徵稅；（三）除按照房租抽百分之十七以爲工廠稅外，不徵其他一切雜稅，故其成本較內地爲輕；（四）香港爲英國屬地，其運銷於英國領土及屬地如英屬南洋，馬來聯邦一帶，得優待稅率。兼之粤人之與外人通商爲最早，性亦勤敏，善於發明與模仿，其工業之發達洵非偶然之事也。

漁業

香港漁舟以香港仔、筲箕灣、長洲、大澳爲停泊處，大號漁船分花尾、罟船、大拖，船長七丈，網長十餘丈，每船約十餘人出海以對，即二船拖網取魚，每去常六七日，行程數百里，得魚隨用鹽醃。罟船多售鮮魚，出海攜冰以備冷藏，多朝去晚回，或用鮮艇駁運反岸應市。

中號漁船分中船、琶艇、虾笱、鮮拖，船長四五丈，網長七八丈，每船約十餘人，出海以對，一如大船，鹹鮮並售。有名弔艇者，每船約有人伕四五十人，達海時則分乘杉板四艘，每艘約三四人，以餌釣魚，載滿則還置舟中，以冰藏或用鹽醃。

小號漁船分罟仔、釣魚艇、虾札仔等，船長二三丈，每船約四五人。雙桅仔船長三丈，爲小型之弔艇，有杉板一只。大沙艇專釣沙魚，取其翅曬乾，即筵席上所用之魚翅，價頗昂貴。

魚貨賣買屬諸魚欄，分鮮欄與鹹欄二行，鮮欄開設於中環街市內，約有十餘字號，買賣取佣百分之六。鹹欄又分大欄與小欄二種，大欄資本由萬餘兩以至數十萬兩，交易仍以銀兩爲本位，多開

設於西灣梅芳街一帶，共有十一家，買魚扣佣百分之六，賣魚扣佣百分之一或二，船戶常向大欄作信用貸款，得魚還帳。小欄又名標家，多開設於西灣鹹魚欄一帶，約有數十家，資本由千圓以至萬圓，多向大欄買魚，重行醃製，然後門沽。又有一種所謂曬家，專向漁戶買魚醃製，然後賣於大欄，設肆多近漁港區域。又有名辦莊者，則向大欄買魚，然後運赴各地銷售。西貢、山打根、汕頭漁舟得魚每來本港銷售，而運赴各處營業者為廣州、佛山、陳川、江門、惠州、梧州等處。全港鮮鹹魚每年交易約在一千萬圓左右，在香港仔有中國僑港漁民協會。

農業

香港因限於地勢，農業發展多在新界，本港方面祇有香港保安牛奶公司在薄扶林道建有畜牧場，供給本港牛奶、雞蛋、豬牛、菜蔬等食料。新界居民則向事農業，以米糧爲大宗，每年收穫二次，亦種花生、甘蔗於高原，惜土地磽瘠，所出瓜菜、甜橙、香蕉、荔枝等，不及珠江肥沃之地所產者爲佳。惟港政府與人民殊極力提倡種植，在上水設有園林監督署，並闢有試驗場，用科學方法改良種籽，並種有波蘿、蘋果、無花果、香蕉等，本港人士組織有新界農業會，私家農圃之較大者，大埔有康樂園、華樂園，上水有東英學圃、粟園、藝園、生生養雞場，及元朗之農場，未能盡錄。西人所經營者，在沙田有馬鞍山園圃。而政府之植林計劃，準備多栽樟松等樹，馬尾松一項尤爲婆娑可愛，此本港農業之大概情形也。

教育

香港有學校之設立爲時甚早。其著者爲英皇書院皇仁中學等，惟主辦者既屬英人，其課程亦以英文爲重，故造就者多商業人材，而教育課程則多與本國定章不符，雖有國文一科，而所聘教員，類多爲亡清遺老與學究，偏重古文，且同一課室中，上英文與國文班前後相隔一小時，而思想言論相差爲數世紀，斯爲香港教育之畸形狀況，港僑思想之落後未免無因也。自胡適之博士於數年前曾一度來港，對於香港教育有所批評，而香港大學教授科士打亦赴中國各處考查教育，歸而改善中文教程，以是近年華僑教育大異曩昔矣。

民國二十二年港方成立華僑教育會，二十五年成立九龍中華教育會，二十六年兩會合組爲華僑教育會香港分會，所以合內地系統之正名而取聯絡之意也。本地之組織稱香港九龍教育會聯合會，在香港方面仍稱華僑教育會，九龍方面稱九龍中華教育會，名稱不同而事權統一，所以如此者，因香港爲殖民地，九龍爲租借地，初分繼合，既合於名義上復分，華僑教育界亦已費煞苦心矣。

自此會成立以來，輔助教育事業不少，甚得當地政府之歡迎，今後之工作乃謀劃一課程，推行國語教育等，其會員分個人與團體二種，尚有香港教師會為科士打先生發起，會員不限國籍，華人之參加者祇有少數英文教員而已。

本港教育行政最高機關為教育司，統理本港一切教育事務，學校分私立、半公立、公立三種。半公立學校多得政府資助。全港有大中小學校約七百餘間，中學以上約一百八十餘校，其最大者有學生千人。課程完備能升學內地者約有百校。

本港逼處島嶼，地狹人多，房租費用一切皆較內地為高，故其學費膳宿亦較內地為貴，茲列概表在左：

中學學費表

項目／級別／金額	學費	堂費	圖書費	實驗費	體育費	代收學生自治會費	講義費	合計
高中	三十五元	四元	二元	二元	二元	一元	一元	四十七元
初中	二十八元	三元	一元	一元	一元	一元		三十五元

小學學費表

級別＼金額＼項目	學費	堂費	圖書費	體育費	代收學生自治會費	合計
高小	十八元	一元	五角	五角	五角	二十元五角
初小	十四元	一元	五角	五角	五角	十六元五角

宿費每學期約三十圓，膳費每月六圓，中小學相同。英文專修書院每月學費十元，書籍雜用約十元。

最高學府爲香港大學，成立於一九一二年，校址在般含道，分醫學、文藝、工程三科，爲中西人士捐助而成，政府撥地二十五英畝，巴西人摩提個人捐築正院校舍，僑商何東捐築工程學院，鄧志昂捐築中文學院校舍，馮平山捐築圖書館等。

學校

名稱	地址	電話
中南書院	卑利街七十八號	二八六三九

梅芳中學	般咸道共和台八號	三三六一六
育才書社	醫院道	三三四二七
法國育嬰堂聖瑪嘉利書院	雲地利道	三一四五四
皇仁書院	鴨巴甸街	三三一二八
英皇書院	般含道	三三一二七
南方中學	禮頓山道十七號	二四三二一
香港仔兒童工藝院	香港仔香島道	二九二二九
西南中學	屋蘭士道一號	二二五九五
梅芳中學女校	巴丙頓道一號	二二五九七
培英中學香港分校	般含道八十四號	三三八八〇
華大書院	英輝臺七號	三〇一八九
華僑中學	衞城道八號	二〇二一七
聖士提反女學堂	列提頓道	二一五五一
聖士提反學堂	赤柱道	二六二六四
聖方濟各書院	堅尼地道二十一號	二二八五四
聖若瑟英文書館	堅尼地道	二一二〇四
聖神女學校	堅道一百四十號	三一七二二
聖類思工藝學校	第三街一百七十九號	二一二二六
漢文中學校	薄扶林道	三三四二八
九龍書院	九龍亞皆老道	五八〇七一
拔萃女書院	九龍皇囿	五七一七二

拔萃男書院	九龍何文田	五七七七七
協恩女子中學校	九龍碼頭圍道	五七〇四〇
聖馬利書院	九龍漆咸道	五七〇七六
南洋商科專門學校		
香港商務專門學院	雲咸街七十五號	三三四五〇
振成商科專門學院	鐵岡二號	二六八八三
香港大學堂	薄扶林道及般含道	二八〇五六
德明中小學	旺角洗衣街	五〇〇二三
實用高級會計學校	灣仔軒尼詩道二一八號三樓	
養中中學	堅道三十八號至四十二號	二三七七四
萬國會計學校香港分校	皇后大道中一百八十三號二樓	
香港知行中學	柯布連道一號至七號	二〇一四八
民範中學	九龍何文田亞皆老街	五八三二八
領島女子中學	堅道七十三號	二七一〇六
廣大高級會計學校	堅道八十九號	三一九八〇
交通電氣工程學校	擺花街新樓第一二三號四樓及五樓	
華英中學	東涌	
嶺英中學	軒尼詩道利園	三〇六九〇

圖書館

(一)學海樓

樓在般咸道左石級上，內存線裝及普通書籍爲多，每日開放時間由上午九時至下午五時止。

(二)馮平山圖書館

在般咸道，爲香港大學附屬圖書館，內藏中外書籍報紙雜誌，開放時間每日由上午九時起至下午四時止。

(三)大會堂

在皇后大道東爲公立英文圖書館，原爲博物院故址，所存皆英文書籍，每年添置若干，卷數不多，惟本埠英文日報皆備，不論中西人士，皆可入堂閱看，

(四)華商會所藏書樓

屬華商會所之一部，中西書皆有，多普通籍，中西報紙獨多，要會員介紹。

高度

香港山峯

升旗山	一、八二三英尺
百家嶺	一、七三四英尺
摩星嶺	八七七英尺

九龍山峯

大帽山	三、一二四英尺
九龍嶺	一、九七一英尺

氣候

香港地處熱帶，氣候熱而不暑，冷而不寒，冬天最佳。

由十月至翌年一月，每日陽光平均有六小時，在東北風涼襲下，約在華氏寒暑表六十至七十

度間。雨水不多，空氣乾爽，宜於戶外運動，游泳可至十一月爲止。

二月至三月氣候尚佳，陰日爲多，東北風時發，平均在二月間約在華氏寒暑表五十九度，三月間六十三度。每日平均可見太陽三小時，陰霾時佈，細雨迷濛，適於踏青及運動。

四月至五月爲雨季，東北風與西南風更替時發，爲春夏相交之候，寒暑表在四月常升至七十度，五月常升至七十七度，雨日爲多，每日平均可見太陽五小時。

六、七、八、九月，時當夏令，寒暑表平均約在八十一度，有時升至九十度，濕度甚高，尚不致於煩溽。每在颶風將發之前，或既發之後，最高溫度爲九十七度。霖雨雷電時作，由四月至九月，此六個月中，寒暑表每在八十度間。每年平均雨量爲八十五寸，風向無定，然多吹送西南或東南風，速度每小時十英里，颶風每在此期降臨，尤以九月爲多，查五十年來狂風之來襲本港，足稱颶風者，祇有七十三次耳。

十月中東北風既起，天氣轉涼，復趨冬候，則天氣以晴日爲多矣。

下表乃節錄香港天文臺一八八四年至一九三三年之氣候紀錄。

天文臺氣候紀錄表（一八八四至一九三三年紀錄）

月份	溫度華氏表 最低	溫度華氏表 最高	溫度華氏表 平均	雨量英寸 最少	雨量英寸 最多	雨量英寸 平均	溼度百分數 最低	溼度百分數 最高	溼度百分數 平均	陽光鐘點共計 最小	陽光鐘點共計 最多	陽光鐘點共計 平均
一月	三二·〇	七九·三	五九·八	〇·〇〇	八·四三	一·二七	五一	八四	七五	三九	二四二	一四五
二月	三八·四	七九·四	五八·九	〇·〇〇	七·九四	一·七五	五三	八八	七九	一六	二二五	九五
三月	四五·四	八三·一	六三·一	〇·一七	一一·四八	二·九三	七三	九二	八三	一五	一八六	九五
四月	五一·八	八八·六	七〇·三	一·一三	一七·一六	五·四四	七五	八九	八五	五三	三九六	一二五
五月	五九·七	九一·五	七七·一	一·一五	四八·八四	一一·五〇	七八	九〇	八四	八二	二六一	一五八
六月	六六·六	九三·六	八一·〇	二·三三	三四·三七	一五·五三	七九	八六	八三	八四	二四八	一六四
七月	七三·一	九四·〇	八三·〇	四·五七	三〇·〇七	一五·〇一	八〇	八六	八三	一三一	二八三	二二二
八月	七一·六	九七·〇	八一·七	一·七三	三四·三一	一四·三三	七八	八六	八三	一三七	二九九	二〇四
九月	六五·五	九四·〇	八〇·六	〇·六三	三〇·五九	一〇·一一	六六	八五	七八	一三三	二六六	一九九
十月	五七·四	九三·八	七六·二	〇·〇一	一三·九八	四·五五	六四	八一	七二	一三七	二八九	二一七

十一月	十二月
四三·七	四0·七
八六·一	八一·九
六九·四	六二·九
0·00	0·00
八·八一	四·九0
一·七0	一·一五
五0	五六
七八	八一
六八	六九
一三	七二
一九五	二五0
一八八	一七三

(S)F23-23:4

第二編　旅客須知

入國問禁，入鄉問俗，斯爲旅客每到一埠亟宜知者。故凡關於禁例、海關、幣制、郵政、電報、鐘點、衣服等，本書已詳錄一切。至於輪船開行時間，預定艙位等，除各旅館可以服務外，凡有詢問事宜，可赴中國旅行社、美國運通銀行、通濟隆及香港旅行會等，皆樂於指示與服務一切，而香港旅行會並備有中西導遊人員，可以陪同往遊各處，地址在九龍倉碼頭入口處。

中國旅行社運送行李簡章

本社爲便利行旅起見，特設運輸部，派有着制服招待及小工隨車押運搬送，如旅客有行李欲由寓所送往火車站或輪埠，或由火車站及輪埠運歸寓所，行李件數不拘多少，請知照本社以便派人取運，務使旅行者不感出門之煩苦。如蒙見委，竭誠歡迎，如本社服務有不週之處，請隨時逕函本社改良。

代運行李簡章如下：

(一)凡遇稅關及軍警檢驗行李，旅客須親自在場照料。

(二)一切行李不論箱篋、網籃、提包等件，務必注意封鎖，以防盜竊損失。

(三)凡一切易於燃燒之物品及一切危險易於碎壞之物件，概不收運。倘行李中挾帶違禁及上述物品，被官廳或稅關扣留或充公者，及破碎等事，其責任由該物主自負。

(四)如行李中放置金銀、錢幣，重要文件、證券、寶石、珍珠、首飾、美術圖畫、銅器、磁器、骨董等類，代運時遇有損失，由該物主自負責任，概與本社無涉。

(五)笨重物件，如傢具、車輪、或每件重逾一百公斤之物件，本社不能作爲行李收運，須另議辦法。

(六)行李倘於交付後發現物件短少或在輪船上遇有損失等情，本社不負責任。

(七)本社代客運送行李之責任，祇由車站或輪埠代運至旅客指定之寓所，或由本埠甲地代運至乙地代運之行李，祇點件數及種類，不計內容，運到後如數點交，一經旅客接受，本社不再負任何責任。萬一於代運時間內發生有件數不符或短少時，須三日內函報本社，本社所負賠償

之責任則照本社章程以下列數目爲最高限度。

(甲)每一衣箱至多賠港幣五十元。

(乙)每一皮包或手提箱或鋪蓋至多賠港幣二十五元。

(丙)每一網籃完全失落時至多賠港幣十元。

運送行李取費如下：

(一)由寓所至火車站，或由火車站至寓所，每一大件（槓箱之類）收費港幣一元，每一小件收費港幣五角。

(二)本埠運送行李，由市內甲寓至乙寓，或由輪埠至寓所，每一大件收費港幣一元，每一小件收費港幣五角。

(三)如行李不滿三件爲專送性質，收費以港幣一元五角爲最低額，三件以上則按照上列價目算收之路程，過遠者如深水埔、九龍城、旺角、香港大學堂、巴內頓道、紅磡、羅便臣道、西摩道、干德道、礮台道、般含道、荔枝角、寶雲道、薄扶林道、沙宣道、士塔斯道等處收費以港幣二元起碼。

香港仔、雞籠環、淺水灣、牛池灣、筲箕灣、山頂等處，則以港幣三元起碼。

(四)如搬運傢具及笨重物件運費價目看貨物面議。

(五)運送行李，如遇特殊情形時，例如須僱用汽船或大駁船等駁運，此種額外費用均歸旅客自理。

(六)本社收費概照表內計算，絕無苛索，如有苛索請隨時函訴。

(七)本社招待及小工均着本社制服，旅客須注意認清方可託運。

到埠

火車輪船到埠時，當有穿着制服，或帽有徽章之各旅行社或各旅館之接客人員，到船上或車站迎接旅客，及招呼行李各件，而行李之搬運力費，各旅館皆有規定。生客到此最宜交托接客人員招呼一切，可免麻煩，但須要認明旅館名稱及接客人員號數，以防萬一，始可將各物點交，同時能親自照料以免意外更佳。倘自僱挑伕，須要訂明挑力及至目的地爲止，以防濫索。

行李起岸，照例須要檢查，旅客切忌攜帶洋酒、香煙、軍火、鴉片、痲醉品劑，及一切違禁品物。然檢查時亦因人因時而施，有時或給予方便，接客人員自能指示一種最妥當方法。

護照

華人之來港與離港者，皆甚自由，一如內地，無需護照。但赴外國者須要護照手續，當在廣州辦理之。

其他國籍人自到港後，一年之內，須到輔政司署護照部事處(The Passport Office)簽字，在德輔道中五號中天行六樓，其費用規定如下。

護照費	十圓
旅行證書等	四圓
護照簽字或展期簽字	四圓
普通過境護照簽字	一圓零五分
入口護照簽字	十圓零五毫

凡他國簽字費，倘有超過上開之數者，得隨時更改之。

收費規定

一先令	折合	港銀八毫
一金先令	折合	港銀一圓三毫
一美圓	折合	港銀三圓一毫

一金佛郎　折合　港銀一圓零五分

凡一切特別費用及手續，可赴護照處查詢一切。

海關

香港原屬無稅口岸，一切貨物入口無須檢驗，但洋酒、酒精、飲料、汽油及汽車零件等之非在英國製造者，皆須報關繳稅，一切軍火、痲醉品、（如鴉片、嗎啡高根夏露煙等。）皆在禁例，如有查出，當施與重罰，但攜有入口執照者不在此例。

狗

狗類禁止入口，除向香港獸醫官（Colonial Viterinary Surgeon）領有入口執照者，不在此例。

照相機

凡輪船入口，或乘坐飛機時，須將攝影機放在行李之內，不宜照相，倘陸行遊覽，登高至山頂時，亦不宜攜帶照相機，因多處皆有牌示禁止照相，免觸此例爲宜。

幣制

香港幣制爲十進位，即十分爲一毫，十毫爲一圓，分銅圓、銀毫、鎳毫、鈔票、四種。銅圓爲一分，港稱仙士，即 Cents 之譯音。銀毫及鎳毫分五分、一毫。鈔票分一圓、五圓、十圓、五十圓、一百圓、五百圓等，發鈔票之銀行爲

香港上海滙豐銀行

有利銀行

渣打銀行

九龍碼頭或車站至各處之時間

至九龍郵政局	四分鐘
至半島酒店	四分鐘
至彌敦道店舖旅館一帶	十分鐘
至香港郵政總局（乘過海輪）	十二分鐘
至無線電報局（乘過海輪）	十二分鐘
至有線電報局（乘過海輪）	十五分鐘
至簽護照處（乘過海輪）	十五分鐘
至中國旅行社一帶（乘過海輪）	十六分鐘
至干諾道旅館一帶（乘過海輪）	十八分鐘
至各銀行及輪船公司（乘過海輪）	十五分鐘
至德輔道中一帶（乘過海輪）	十八分鐘

全國各大公司鐘錶店
均有代售
五大特点
1 久浸水中機件不壞
2 跌擲震盪機件不壞
3 不受磁石電流影响
4 不受惡劣天氣影响
5 不用上鍊亦能自動
中國總經理
香港慎誠洋行
德輔道中三十六號
電話三二三八五

郵政

郵政總局	中環必打街
上環分局	上環街市摩理臣街
灣仔分局	灣仔皇后大道東
尖沙嘴分局	九龍尖沙嘴
油蔴地分局	油蔴地水渠街

香港郵政寄費表

寄件	寄至	重量		郵票		限制	
		起碼（安士）	疊加（安士）	起碼安士（銀）	疊加每安士（銀）	磅	安士
書信	香港	一	一	四分	四分	四	六
	英國各地　由西伯利亞	一	一	二毫半	一毫半	四	六
	英國各地　由各路	一	一	一毫半	一毫	四	六
	各國	一	一	二毫半	一毫	四	六
	中國及澳門	一	一	五分	五分	四	六

明信片	香港澳門及中國			二分			
	英國各地 由蘇彝士河 由太平洋			一毫			
	英國各地 由西伯利亞			一毫半			
	各國			一毫半			
商業印刷品	英國各地	一〇	二	二毫五分	五分	五	
	各國	一〇	二	二毫五分	五分	四	六
樣品	英國各地	四	二	一毫	五分	五	
	各國	四	二	一毫	五分	一	
印刷品	英國各地	二	二	五分	五分	五	
	各國	二	二	五分	五分	四	六
	香港澳門及中國	二	二	二分	二分	四	六
小包	限寄國度	一〇	二	五毫	一毫	二	

郵政簡例

長度限制

凡書信，商務紙張，印刷品等。

寄往各國　長度以三英尺爲限，闊度與深度不能超過二英尺。

寄往其他各國如埃及等國　書信長度以二英尺爲限，闊度與深度不能超過十八英寸。商業紙張長度以三英尺爲限，闊度與深度不能超過二英尺。

寄往各處　捲圓寄件，最長以英尺三尺三寸爲限，闊度與深度不能超過二尺八寸。

明信片　最大英寸長五寸七分，闊四寸一分，最小長四寸，闊二寸六分。

小件包裹　限度與書信同。

樣品　限度與書信同。

掛號　所有各件掛號費，每件二毫五分。

商務紙張、樣品印刷品、及小包，其包裹要備便於郵局檢查，然後寄出，凡書信或小包，裝有納稅貨物者，祇限寄於指定各國，其他章程可向郵政總局索取。

航空郵寄

本港郵局收寄各處航空郵件，其郵費乃包括轉寄各處之普通郵費，表中有括弧者乃航空郵站。

中國境內航空郵費

郵費　書信　每半安士　郵票三毫五分

英國航空郵費表

寄至	郵費 書信 每半安士（銀）	郵費 明信片 每張（銀）
馬來羣島（檳榔嶼）	二毫	一毫四分
荷屬東印度羣島	三毫五分	一毫八分
暹羅（盤谷） 緬甸（仰光）	三毫五分	一毫八分

印度（卡爾卡塔）	五毫	二毫六分
伊拉克（巴克達）	八毫	三毫五分
埃及（開羅） 巴雷斯泰思（加薩）	九毫	四毫
希臘（雅典） 意大利（布林提西） 法蘭西（來翁） 歐洲各國（來翁）	一元二毫	五毫二分
蘇丹 肯耶 烏干達 坦干宜卡 北羅提西亞 南羅提西亞 南阿非利加 奈基利阿 由阿雷桑德利亞轉	一元五毫	六毫
英國（倫敦） 澳大利亞（達爾文埠）	五毫	二毫六分
新西蘭非支及西太平洋各島	八毫	三毫半

美合衆國航空郵費表

寄　至	郵費：先由海運寄美再轉航空 書信每半安士（銀）	郵費：先由海運寄美再轉航空 明信片（銀）	郵費：全寄航空 書信每半安士（銀）	郵費：全寄航空 明信片（銀）
美合衆國（甲）	七毫	四毫	二元八毫	一元五毫

加拿大(甲)	七毫	四毫	三元二毫五分	一元六毫五分
古巴(甲)墨西哥(甲)，巴哈馬，多密尼卡，海地 弗琴羣島(英屬或美屬)	八毫	四毫五分	三元三毫五分	一元七毫
荷蘭西印度 (一)薩巴，聖攸斯泰喜阿斯，聖馬丁	八毫	四毫五分	三元三毫五分	一元七毫
(二)阿盧巴島，波那，科拉薩 餓	一元九毫	一元	四元五毫	二元三毫
英屬洪杜拉斯，瓜泰馬拉，尼卡拉瓜 洪杜拉共和國，薩爾發多	九毫	五毫	三元五毫	一元八毫
巴培多斯，克利斯托夫運河 科斯塔利卡，瓜德盧普 琉阿德(弗基尼阿島除外 馬提尼克，巴拿馬共和國 特林尼達德，巴文德瓦德島	一元一毫	六毫	三元六毫五分	一元八毫五分
委內瑞辣	一元六毫	八毫五分	四元二毫	二元一毫五分
英屬岐阿那 科羅姆倬阿(甲) 荷屬岐阿那，法屬岐阿那，厄瓜多爾，祕魯	一元九毫	一元	四元五毫	二元三毫
菩利維阿，巴西，智利，阿根廷，巴拉圭，烏拉圭	二元四毫	一元二毫五分	五元	二元五毫五分

凡有(甲)字表示包括轉寄至到達地之郵票

電報

電報局

中國電報局	干諾道三號
大東電報公司	干諾道三號
大北電報公司	干諾道三號
政府無線電局	德輔道郵政局行

中國電報局價目表

廣東廣西	華文明語	每字一毫二分	英文明語	每字二毫四分
各　省	華文明語	每字二毫四分	英文明語	每字四毫八分

大東大北電報公司價目表

美國及加拿大	英文明語	每字銀三元九毫五分
歐洲（俄國除外）	英文明語	每字銀三元六毫五分
澳大利及新西蘭	英文明語	每字銀三元三毫
日本	英文明語	每字銀一元六毫五分

馬尼剌	英文明語	每字銀五毫五分
南洋羣島	英文明語	每字銀一元一毫
中國各處	英文明語	每字銀四毫

慢電須於電報地址之前寫LC二英文字母，其電費則按照全價減收二分之一。

信電起碼以二十五字計算，凡發至英國、菲律賓、瓜罕、日本及台灣者，其電報地址前寫NLT三英文字母；發至其他各處者寫DLT三字母；電費則按照全價收三分之一。

政府無線電局

凡發電報至已開行之輪船或飛機；在無線電局收發。輪船或飛機於開行後其距離以不超過六百啓羅米突爲限，約輪船開行後四十八小時以內。

價目

發至輪船	每字九毫半
發至飛機	每字一元零五分

鐘點差異表

以英國格林尼治(Greenwich)正午時間爲標準。

英文地名	中文地名	鐘點
Boston	波士頓	上午七點十八分
Dublin	達布林	上午十一點三十五分
Edinburgh	愛丁堡	上午十一點四十七分
Glasgow	格拉斯哥	上午十一點四十三分
Lisbon	里斯本	上午十一點四十三分
Madrid	馬德利德	上午十一點四十五分
New York	紐約	上午七點零四分
Penzance	彭桑斯	上午十一點三十三分
Philadelphia	非列得爾菲亞	上午六點五十九分
Quebec	魁培克	上午七點十五分

Adelaide	阿得雷德	下午九點十四分
Amsterdam	阿姆斯特丹	下午零點二十分
Athens	雅典	下午一點三十五分
Berlin	柏林	下午零點五十四分
Berne	柏恩	下午零點三十分
Bombay	孟買	下午四點五十二分
Brussels	布魯塞爾	下午零點十七分
Caleutta	卡爾卡塔	下午五點五十四分
Capetown	好望角市	下午一點十四分
Istambnl	埃士淡浦	下午一點五十六分
Copenhagen	科彭黑根	下午零點五十分
Hongkong	香港	下午八點
Jerusalem	耶路撒冷	下午二點二十一分
Madras	馬德拉斯	下午五點二十一分

Malta	摩爾太	下午零點五十八分
Melbourne	美爾柏恩	下午九點四十分
Moscow	莫斯科	下午二點三十分
Munich	牟尼克	下午零點四十六分
Paris	巴黎	下午零點零九分
Peiping	北平	下午七點四十六分
Prague	普累格	下午零點五十八分
Rome	羅馬	下午零點五十分
Rotterdam	羅忒達姆	下午零點十八分
Leningrad	列寧忌列	下午二點零一分
Singapore	新嘉坡星洲	下午七點
Suez	蘇彝士	下午二點十分
Sydney	西德尼	下午十點零五分
Stockholm	斯托克荷爾姆	下午一點十二分

Vienna	維也納	下午一點零六分
Yokohama	橫檳	下午九點十九分

香港颶風表

香港每當夏秋之間，時有颶風過境，爲旅客所應注意，以定行止。

風符號數	日間符號	夜間燈符	風勢
1		白白白	將有颶風過港
2		白綠白	猛力颶風或由西南方來
3		綠白綠	猛力颶風或由東南方來
4		白白紅	猛烈颶風但於本港無大礙
5		白綠綠	颶風將由西北方來
6		綠白白	颶風將由西南方來
7		綠綠白	颶風將由東北方來
8		白白綠	颶風將由東南方來
9		綠綠綠	颶風將加劇
10		紅綠紅	颶風將臨（方向無定）

凡升至十號風符時，則水警署及航政署當每十分鐘鳴礮三響示警。

衣服

香港天氣熱多涼少，夏天服裝宜用薄綢、雲紗、荔枝核綢等類。西裝則用蔴紗、羽紗等類。出入宜帶草帽或蓪帽。冬天服裝宜用呢絨，稍涼時須備大衣。婦女過海或晚間宜着皮外套，香港中西雜處，其服裝與上海及各大交通口岸同，花樣因時而易。

購物

旅港除遊覽各處風景外，遊行市區與購物亦一消遣趣事。外來旅客皆知在香港購物較他處為廉，因本港除煙、酒、汽油等，一切貨物入口皆不納稅，且華洋雜處，雖古舊如中國之古董，新如歐西之裝飾品，莫不俱備。遊行市區亦可增長識見，而購物亦宜先知其集中地點，可無枉步，略具如左。

貨品	街名
絲綢，服裝，顧繡，線織，金銀手飾，鐘錶，燈罩，雨遮，手袋，化裝，籐器等	必打街皇后大道德輔道德忌笠街　九龍彌敦道
金器飾物	皇后大道西
絲綢	乍畏街
布疋	永安街
西裝	德輔道及皇后大道
靴鞋	威靈頓街
照相器具及相片	德輔道及皇后大道
傢具	軒鯉詩道
舊傢私	荷里活道
雜物	威靈頓街

印刷	威靈頓街
餅食	德輔道皇后大道
鹹魚海味	德輔道西又名鹹魚欄
古董	莊士頓道嚤囉街必打街

婦女最喜遊行者爲花布街，在中環街市後，位於德輔道與皇后大道中，全街專售花布一項，各種花式雜陳，燦爛悅目，價廉有一圓可買得五六碼者。

嚤囉街與嚤囉上街在皇后大道西，中央戲院左面由東街直上其橫街便是，專售古董、瓷器、鐘錶、五金、電料、中西舊貨，滿當與盜竊貨物多在此處出售，有如北平之夜市，倘精於鑑別者，每以廉價可獲得珍品。

香港假日

（一）星期日

（二）新曆元旦*

（三）舊曆元旦*

（四）舊曆年初二*

（五）耶穌受難日

（六）耶穌受難之翌日

（七）耶穌復活日

（八）英國國慶日*

（九）聖神降臨日

（十）英皇壽辰（以港督定期爲假日）

（十一）七月第一星期之辦公日*

（十二）八月第一星期一日

（十三）九月第一星期一日

（十四）雙十節*

（十五）歐戰和平*

（十六）耶穌聖誕日*

（十七）十二月二十六日*

*凡有此符號者，若遇星期日，則翌日爲補假日。

醫院

本港醫院分公立與私立二種，設備完善，聘任中外西醫診視。

名稱	地址	電話
何妙齡醫院	般含道	二七七八六
東華東院	掃桿埔	二六六四八
東華醫院	普仁街	二八一六六
雅麗氏合濟醫院	般含道八號	二七七八六
養和醫院	山村道二號及四號	二六六四一
銅鑼灣聖保羅醫院	銅鑼灣	三四一四一
瑪麗醫院	薄扶林	五八〇七一叫
九龍醫院	九龍	五四八

第三編　旅館茶樓酒館

旅館

旅客到埠所亟欲解決者，爲住的問題，故旅館爲第一要務。香港爲運輸與交通一大口岸，旅館林立，大至最新式之中西酒店，小至舊式之客棧，其價格每日由數毫起以至數十元者，旅客初履斯土，勢將無從問津，本書內容，詳開租價、地址、電話，爲求適應旅客需要，可自擇焉。

中國旅館

名稱	地址	電話	每日房金
大中華酒店	干諾道中一百十九號	二七七五一	二元半至十元
大東酒店	干諾道中一百十二號	二六六二一	三元至十元
大羅仙旅店	德輔道中九十二號	二三〇九一	一元三角半至一元七角
六國飯店	告羅士打道六十七至七十七號	三〇三八一	
中國旅店	干諾道中五十八號	二二六九二	一元二角至一元八角
五洲旅店	干諾道中七十六號	二二三七一	一元四角至六元
平安棧	干諾道西二十號B	二一三六四	一元二角至六元

名利棧	干諾道中一百四十號	二一八一〇	一元二角至一元半
共和旅店	干諾道中一百二十四號	二二一七八	一元二角（連食）至二元
東方旅店	干諾道中一百三十七號	二三一一四	一元二角（連食）至二元四角
東方旅店支店	德輔道中二百七十三號	二四九一二	一元二角（連食）至二元四角
東南旅店	干諾道中一百五十四號	二〇三九七	一元二角至二元半
東山酒店	干諾道西三十八號	三〇三〇五	三元至七元
長發棧	干諾道中一百二十九號	二一〇〇九	一元二角（連食）至二元（連食）
京都大酒店	皇后大道中十號	二四四二五	
亞洲酒店	干諾道一百二十六號	二八一九一	二元半至八元
南京旅店	干諾道中八十號	二三三二八	一元二角至二元正
南屏大酒店	德輔道中一百四十三號	二八一〇一	
美洲酒店	德輔道中二百十六號	二三三一四	一元八角至六元
思豪大酒店	雪廠街	二六六六四	五元至十八元
皇后酒店	干諾道中一百五十九號	三〇三九一	三元至十二元
泰生旅店	干諾道中六十三號	二二二三〇	
泰安棧	干諾道中七十三號	二三一九一	八角至一元六角
泰來棧	干諾道中九十七號	二一七四四	八角至一元四角
鹿角酒店	皇后大道中一百四十八號	二〇五〇五	一元半至三元
陸海通旅店	干諾道中一百五十號	二一九九五	二元至四元八角
粵東旅店	干諾道中一百五十一號	二四五六二	一元二角（連食）至二元（連食）
粵南旅店	干諾道中一百三十四號	二四二四九	一元至一元四角

粵華棧	干諾道中一百十七號	二三〇三四	一元二角至二元
勝斯大酒店	皇后大道中十三號	二六六三四	五元至十五元
祺生棧	干諾道中六十八號	二一八四四	八角至一元四角
祺發棧	干諾道中一百三十一號	二一九二一	一元至三元
新亞酒店	德輔道中二百零六號	三〇三五一	二元半至七元
新國民旅店	干諾道中一百三十八號	二一九三九	
萬安棧	干諾道中九十二號	二七三〇九	一元二角至二元
萬芳旅店	干諾道中一百四十二號	二一八九五	一元至二元
萬國旅店	干諾道中一百五十八號	二六〇二三	一元至一元四角
福利源	干諾道中一百十六號	二一六〇五	一元二角至二元
綿綸泰	干諾道西八號	二一五六一	一元二角
廣東大旅店	中諾道西二十七號	二四一五三	八角至一元半
廣泰來棧	干諾道中六十一號A	二一五四八	八角至一元四角
鴻安棧	干諾道中八十一號	二一二八九	一元至二元
環球旅店	干諾道中一百五十七號	二三八九五	一元至二元
九龍大酒店	九龍漢口道	五八〇〇八	五元至十八元
亞洲大旅店	九龍北海街十七號	五七八五八	一元至三元
和平旅店	九龍彌敦道三百四十三號	五七九六〇	
金臺大旅店	九龍彌敦道三百五十九號	五一二一六	一元四角至五元
新新酒店	九龍彌敦道三百六十三號	五九一一一	
彌敦大酒店	九龍彌敦道	五六六〇〇	一元八角至七元二角

外國旅館

半島酒店	疏利士巴利道	五八〇八一	十一元至三十元
告羅士打酒店	告羅士打行	二八一二八	十元至二十五元
香港大酒店	必打街	三〇二八一	五元至二十二元
淺水灣酒店	淺水灣	二七七七五	十元至四十五元

飲食

廣東地處熱帶，陸上之菓木，海上之魚鮮，較他省爲盛，且粵人向研究食譜，而香港又爲海陸交通之總滙，故茶樓酒館，觸目皆是。查茶樓酒館營業時間各有不同，非時而往，每有向隅之憾，詳列如下。

茶樓　每日營業時間分早茶、午茶二次，早茶由上午早晨五時起至十時止。午茶由中午十二時起至三時止。晚茶由下午七時至十一時止。其所食點心不拘多少，所坐時間不論久暫，有如上海之茶館習慣。粵諺有云「一盅兩件」者，指經濟食法，泡茶一盅，食點心二件之謂。故每有晨餐一頓，祇化銀數分者。茶價由每盅二分起至一毫止，假定在二樓之茶價爲二分，三樓三分，四樓四分，五樓五分者，房間則稍貴。其中有一習慣，茶盅飲乾後，非將茶盅蓋揭起，茶房（粵語稱伙記）不來加水。相傳在亡清時，滿族旗人有特殊待遇，每藉勢以凌虐漢人，有無賴某，攜其所弄鵪鶉，安置於已泡茶而復傾淨之局盅內，茶房不知，照例揭蓋沖水，誤將其鵪鶉泡死，相起理論，結果茶樓賠償數十兩銀

損失始罷，於是同行會議，非自行揭蓋候泡，雖飲茶至乾，相候半日者，當無人理會，此點不可不知也。

茶室　營業時間每日中午十二時起至三四時止，過此點心多數賣完，四時以後每兼營酒菜。飲茶時間如潮汛湧至，山陰道上有不暇應接之勢，常有與他客並檯同坐者，故每見後來之客，尋覓座位，逡巡左右者，飲食既飽，似不宜久座。

茶樓與茶室食完付帳，多在櫃面找帳落樓，無須關心小帳之贈與及多少，而無上海或內地之一種陋習，堂彩加一，再付加一或加二小帳，以取悅於茶房者；然付亦不拒，受亦不謝，蓋此已成社會之一種風氣，本地人飲茶多不付小帳。

酒館兼茶室　每日由中午十二時起至三四時止，兼營茶點，一如上開茶室習慣。四時以後則營酒菜至半夜二時止，招待周到，小帳照例給與，手震給與無定（近年港粵酒樓每僱用俊美女性招待——港粵稱女職工——以取悅來客，而客人中有欲特別示惠多給與小帳者，粵名之曰手震，言其多之謂也。）

石塘嘴酒樓　石塘嘴爲南朝金粉匯粹之區，亦香海煙花集中之處。鴉片公賣，僑民可以自由

吸食。其銷金或未能媲美巴黎紐約，然亦可稱雄於粵澳，有如上海之福州路焉。邇年政府禁娼，乃易名唱局，等於上海之校書。酒樓營業較遜於前，因市面不景氣，其菜價亦較前爲廉，其營業時間爲下午六七時至半夜二時。粵人每到石塘嘴宴客，其習慣被邀客人七八時到，先食便飯，桌價約二三元至十餘元不等，然後看牌聽曲，每至午夜十二時或一時然後大開筵宴；間有早開正桌者，一視其主人與客人之習慣焉。宴罷客散時，有男或女職工侍候穿衣戴帽，照例給與小帳或多一元。

西人茶室　普通下午四五時爲西人飲茶時間，有茶舞者，則由五時起至七時止。

餐室　普通餐室營業時間，每日由上午九時起至午夜止，隨到隨食。西人餐室早茶八時起，午餐爲十二時起，晚餐由八時起。

茶樓

名稱	地址	電話
太昌大茶樓	威靈頓街一百十七號	二三六〇〇
日南	皇后大道中三百三十六號	二一九五〇
中山茶樓	卑路乍街一百十三號	二八九九四

香海大茶樓	灣仔軒鯉詩道四百二十六號	三二一七四
高陞茶樓	皇后大道中一百二十六號	二二〇一六
高陞茶樓	莊士敦道一百七十九號	二四〇七六
第一樓	德輔道中一百零三號	二三四〇八
添男茶樓	永樂街一百十八號	二四三五三
得名	皇后大道東一百九十八號	二四七八一
得雲	文咸東街一號	二〇四〇二
新玉山茶樓	皇后大道中九十八號	三三五八八
蓮香大茶樓	皇后大道中一百三十六號	二〇六四〇
慶雲樓	皇后大道中一百十九號	二二〇六六
一定好	九龍上海街二百六十二號	五八二八〇
奇香茶樓	九龍上海街五百九十七號	五八三八七
富貴茶樓	九龍新塡地街四百零四至四百十號	五一〇五三
鎮江茶樓	九龍上海街五百二十六號	五九〇六九

茶室

名稱	地址	電話
五羊茶室	德輔道中二百八十九號	三三二九四
陸羽茶室	永吉街六號至八號	三二〇三一

西人茶廳

名稱	地址	電話
告羅士打酒店茶廳	告羅士打行	二四七〇六
香港大酒店茶廳	必打街	二四八〇一
淺水灣酒店茶廳	淺水灣	二七七七五
半島酒店茶廳	九龍疏利士巴利道	五八〇八一

飲冰室

名稱	地址	電話
文英冰室		
北極飲冰室	德輔道中一百二十五號	二二九九〇
茗園冰室	軒鯉詩道四百四十三號	三一七三七
珠江		
陶然飲冰室	德輔道中一百八十二號	二八三九八
雅麗冰室	永樂街十二號	三〇一五二

酒家兼營茶點

名稱	地址	電話
大同酒家	德輔道中二百三十四號	二五一〇八
大三元酒家	軒鯉詩道四百二十九號	二三五三八

大成酒家	莊士敦道一百二十九號	二八二九五
大東酒店	干諾道中一百十二號	二六六二一
大景象酒家	威靈頓街三十二號	二一六二四
文苑酒家	文咸東街五號	三二〇五九
中央酒家	威靈頓街一百三十六號	三〇五一二
中華酒樓	皇后大道中六十二號A六樓	二一二一九
北平酒家	鴨巴甸街五號	三一八九四
江蘇酒家	皇后大道中二百九十二號	二四九九〇
武昌酒樓	皇后大道西一百十五號	二七一四〇
泗海酒家	閣麟街三十號	三二九六六
東海樓	莊士敦道一百四十二號	二五〇〇八
金龍酒家	德輔道中一百七十號	二八二三四
思豪酒店	雪廠街	二六六六四
皇后酒家	德輔道中三百十七號	二六九二〇
茶香酒家	威靈頓街七十七號	三一六五五
國民酒家	希利街三十五號	二三六七三
經濟酒家	德輔道中二百七十七號	三三〇二三
蜀珍川菜社	軒鯉詩道二十一號	三四三七四
新亞酒家	勳寧道十四號	三二九三五
新紀元酒家	德輔道中二百四十四號	二二二九八
新國民酒家	德輔道中二百九十一號	三〇一一五

萬國飯店	威靈頓街一百十二號	三二四五六
遠來酒家	德輔道中二百六十六號至二百六十八號	二一八七五
銀龍酒家	德輔道中三百二十號	三二四三四
大華酒家	九龍荔枝角道四十八號	五六二八一
大觀酒樓	九龍吳淞街四十四號	五七七八二
太平酒家	九龍上海街二百零八號	五七一二三

石塘嘴酒家

名稱	地址	電話
金陵酒家	皇后大道西四百九十號	二〇〇七〇
珍昌酒樓	皇后大道西四百八十六號	二二二八八
陶園酒樓	德輔道西三百七十五號	二〇五八四
廣州酒家	山道二號	二二八二八

餐室

名稱	地址	電話
大東酒店餐室	干諾道中一百十二號	二六六二一
六國飯店	高士打道	三〇三八一
太子餐室	皇后大道中十八號A	二一七〇七
天華	德輔道中四十九號	二三〇一七

占美餐室	華人行	三〇一二六
加拿大餐室	皇后大道中三十八號	二七四九五
加拿大餐室一支店	禮頓山道七十九號	二七八三一
加拿大餐室二支店	皇后大道中十六號	二五一一一
安樂園餐樓	德輔道中二十五號	二三六一〇
東園	德輔道中五十五號	二一二九五
亞洲適園餐室	德輔道中二百五十一號	二四〇一六
威靈頓生記餐室	威靈頓街九十九號D	二五三六八
威靈頓春記餐室	德輔道中一百十三號	二六八八八
威靈頓春記餐室（支店）	皇后大道中一百號	二四三〇九
皇后	德輔道中三百十七號	三三〇一五
思豪大酒店餐室	雪廠街	二六六六四
美麗宮	皇后大道中四十號	三二〇三八
美利		
英華		
娛樂高等西餐室	娛樂行	二四九四八
海鮮公司	德輔道中五十九號	二〇二三四
勝斯酒店餐室	皇后大道中十三號	二六六三四
華人餐室	干諾道中一百五十三號	三二七六三
新世界	威靈頓街一百八十號	二四九〇六
新波士頓	雪廠街十二號	三二〇三五

璇宮	德輔道中二百七十一號	二二六九五
歐洲餐室	莊士敦道二十七號	二三七三八
勳寧餐室	勳寧道二號	三〇七二四
寰球園	皇后大道東一百十二號	二六〇五六
澳洲餐室	盧押道七號	三二七六七
大衛士餐室	九龍漢口道十五號	五八二三三
占美餐室	九龍漢口道二十號	五九八二四
南京餐室	九龍上海街五百零八號	五六八一一
美利	九龍	
英華	九龍	
新世界	九龍彌敦道三百七十號	五六九九四
新新怡樂餐室	九龍彌敦道三百六十三號	五〇四三六

西人餐室

名稱	地址	電話
半島酒店餐室	疏利士巴利道	五八〇八一
告羅士打酒店	告羅士打行	二八一二八
威士文餐室	交易行	二八一五一

香港大酒店餐室	必打街	三三五四三
淺水灣酒店	淺水灣	二七七七五

各省菜館

名稱	地址	電話
大華飯店	皇后大道華人行頂樓	二〇一〇〇
蜀珍川菜社	軒鯉詩道二十一號	二四三七四

第四編　遊覽

本港為海陸空交通匯集之區，故遊覽行程亦分陸行、海行、空行三種，列舉如下，一任採擇。

一　陸行遊覽

陸行又分汽車與步行二種：

（甲）汽車遊覽

僱用汽車分大車每時四元，小車每時三元。一人或四人車費同價，請參閱汽車價目表。

（一）環行全島

時間　二小時半

費用　汽車費七圓五毫

由德輔道向西出發，至中環街市，右轉循海旁至石塘嘴，入域多利道，斜落摩星嶺山道，入薄扶

林道而至香港仔。

遊客如欲作小憩，此處有酒樓茶室，可進小食，以海鮮著名，在此約逗留四十五分鐘。

由香港仔前行，經深水灣而至淺水灣，上爲淺水灣酒店，午餐由十二時至二時，每客四圓。下午茶由四時至六時，每客一圓，招待中西旅客。由此再前行而至赤柱，經大潭篤水塘，下斜坡經柴灣而至筲箕灣，可下車一遊其鄉村。由筲箕灣返程經太古船塢、銅鑼灣、跑馬地、愉園、司徒拔道、灣仔，復至市中心區。

(二)登升旗山

時間　一時

費用　汽車費三元　倘僱的士汽車至山頂車站約六毫　上山車票三毫

由干諾道出發經皇后像坊、政府公署、入花園道至山頂車站，買票坐車登山至頂站步行或乘肩輿至升旗山頂，環遊一週復下山。

(三)遊附近景區

時間　半時

費用　汽車費一圓半

由干諾道出發沿海旁至皇后像坊，經政府公署至德輔道，而轉入花園道，經大教堂及山頂纜車車站，而至上亞厘畢道之公園，遊行一週，復返原處。

(四)遊九龍

時間　二時

費用　汽車費六圓

由九龍尖沙嘴碼頭起經疎利士巴利道、漆咸道、天文臺、藍煙囱碼頭、廣九鐵路、香港廣播無線電臺，由譚公道而達宋王臺，至此步行登丘，及遊臺址四週各實業及爆竹工廠；再乘車經英皇子道及西貢道而至九龍城；再乘車至侯王廟；返時復由九龍塘，經旺角道、油蔴地，而返尖沙嘴碼頭。

(五)環行新界

時間　三時半

費用　汽車費十圓零五毫

由九龍彌敦道起入大埔道，經九龍水塘、沙田，而至大埔墟；復經粉嶺、澳頭、元朗，而至青山。遊客如欲一登青山禪院，可在此下車，約需一時半（時間不在預算內）由青山再前行爲荃灣，下坡至深水埗，經油蔴地、彌敦道，仍回至尖沙嘴。

（乙）步行遊覽

遊覽本港，除環行香港及新界宜用汽車外，其餘皆可步行。所謂步行者往返目的地時，可乘坐公共汽車或電車，然後安步當車，徘徊瞻眺，尤爲從容舒適。倘非匆匆其行，甚至環遊香港及新界亦可乘坐公共汽車與電車往返，惟須細觀各路行車表以資銜接耳。

（一）公園

由干諾道起行至必打街而至皇后大道，復東行至礮臺道，直上經聖約翰大禮拜堂而至公園道，向右轉至上亞厘畢道口時，公園入口在焉。園中四時花木多備，景致不凡，而有歐西園林風格，不愧爲香港名園。不欲步行者可在皇家碼頭乘第三路公共汽車直達園門。

(二)寶雲道

由花園道乘山頂纜車登至寶雲道，離站左行，沿途風景最佳，鳥語花香，神怡心悅，行至路隅時與汽車道銜接，由此直落愉園，乘公共汽車或電車返市。

(三)盧吉道

乘纜車登山至山頂車站下車，向左繞盧吉道行經克頓道。至干讀道隔水塘時由右旁小道斜落香港大學而至般含道，然後乘公共汽車返市。

(四)崎嶇山

乘纜車登山至山頂，依大道向左行約一英里半達旱橋時則向左轉，環行崎嶇山一週，仍回車站落山而返市區，約需一小時。

(五)白加道至黃坭涌

乘纜車至白加道，離站沿路向左行至尾時與大道銜接，由此右轉至馬已仙山峽交叉道，而有交通燈號者，再前行至灣仔山峽，見有指路牌時卽向右轉斜上行至盡處爲黃坭涌，然後沿大道落

山而至愉園，乘公共汽車或電車返市。

（六）環行愉園

乘坐愉園電車或公共汽車第一路至愉園或司徒拔道下車，向左環行一週，然後復回市區，約需一時半。

（七）筲箕灣

乘坐筲箕灣電車至終站時下車，步行一遊其鄉村及廟宇，以知港地鄉村生活之一斑，來回約需一時半。

（八）遊九龍城

由尖沙嘴碼頭乘坐第三路公共汽車至譚公道，一遊宋王臺再乘車至九龍城，兼遊侯王廟，然後乘車返市。

二　海行遊覽

天氣晴和宜作海行遊覽，俾知島嶼農村與漁家生活，計有三處，每處需時一日。

(一)長洲

離香港水程約八英里，在香港之西南，大嶼山之東，爲大小漁舟麕集處，漁家生活可見一斑。岸上有街道舖戶，兩端皆有廟宇。村之東多爲外人避暑別墅及游泳場數處，並有私人旅店，招待遊侶。輪船行程一小時可達。

(二)大澳

在大嶼山之西，有河分南北兩岸，舖戶林立，以小艇爲交通工具，堪稱水國。每日有小輪往來經汲水門、屯門、東涌等處而至大澳。船行約需時三時一刻。

(三)坪洲

在香港之西，大嶼山之東，亦爲漁埠，輪航約一小時可達。

關於輪船時間及價目，可參看本書輪船往來各處時間價目表。

三　空行遊覽

欲於空中窺覽香港及九龍全境者，可作航空遊覽，需時五分至二十分鐘已足。同時往返啓德飛機場時，汽車當經九龍熱鬧市區，亦可略觀一二。欲作航空遊覽者，須預先與遠東航空學校接洽，乘第十二號公共汽車可至啓德飛機場，需時二十分鐘，電話第五八六一二號。

[H]C920(1)h-27:3

第五編　會所娛樂及運動

會所

本港社團首推華商會所，內有臺球、藏書樓、設備完美，為本港人士交際中心。其他有中華聖教總會，及各鄉同鄉會等。至於私人俱樂部，多設於石塘嘴一帶，多為休憩娛樂性質，須有會員介紹，方許出入。

名稱	地址	電話
中華聖教總會	皇后大道東七十六號	二四〇九四
孔聖堂	加路連山道地段三三五七號	二五〇九〇
孔聖會	荷李活道二百二十號	二〇二六八
香港中華廠商聯合會	皇后大道中七十六號	三三三四三
香港中華廠商聯合會	皇后大道中七十六號三樓	三三三四三
華商會所	德輔道中六號	二六六七七
華商總會	干諾道中六十四至六十五號	二〇二七九
鐘聲慈善社	德輔道中一百二十七號	二三六四八

體育會

香港僑民多喜運動，且因天氣關係戶外運動比較華北時間爲多，故於足球、網球、游泳，尤爲地利。最初正式成立之團體爲南華體育會於民國五年正式成立，提倡一切運動，有運動場、游泳場、網球場、桌球場等。該會足球隊曾於第二屆遠東運動會，奪得冠軍，又曾赴澳洲比賽，揚譽於國際。現有會員五千餘人，爲本港體育之最大團體。又精武體育會乃由上海精武會陳公哲來港會同港紳劉季灼、阮文川、鄧次乾、凌匹滕等發起，民國九年成立，除提倡各項運動及文藝外，尤以國術爲專門，九龍亦有分會。又青年會體育部亦有悠久之歷史，體育運動設備完善。其他各會皆可隨時加入爲會員，享受會中權益。

名稱	地址	電話
中華遊樂會	銅鑼灣	二一一六五
青年會體育部	必列啫士街七十號	二六六一八
南華體育會	加路連山	二三〇六六
桌球場	華人行	二四六九六
精武體育會	普慶坊五十二號	二一六〇四
精武體育會	九龍彌敦道四百五十號	五七八七七

游泳場

戶外運動莫盛於游泳場，港水皆鹹，有益於衞生，且設備比較他處爲勝。華人游泳場多築於筲箕灣七姊妹一帶，坐第二路公共汽車，或筲箕灣電車可達，各場普通會員每年納費二元五角至十元不等，非會員入場門劵每次四毫，經會員介紹者二毫。西環堅尼地城亦有華人游泳場。石澳與大浪灣二游泳場有暗湧，非深悉水性者忌遠游。淺水灣有海國游泳場，備有華麗休息室，分座租賃，茶點小食俱備，坐第六路公共汽車，或香港酒店公車可達。九龍青山及荔枝角亦均有泳場設備。

名稱	地址	電話
中華體育會游泳場	七姊妹	三〇〇七五
石澳游泳場	石澳	
赤柱游泳場	赤柱	
青年會游泳場	必列啫士街七十號	二六六一八
南華體育會游泳場	七姊妹	二六八七二
香港政府華員會游泳場	七姊妹	二二七五四
荔枝角游泳場	九龍荔枝角	

淺水灣游泳場　淺水灣
華人游泳會場　七姊妹　二三六五二
鐘聲游泳棚　西環堅尼地城域多利道　二八五〇七

影戲劇院

香港九龍多電影院及劇院，有專放演電影者，有放電影而兼演戲劇者。所演節目每日各報俱有登載，所放電影皆爲最上乘與最近出品之中外影片。戲劇則以粵劇爲多，間有外來之中西歌舞團或京劇等。娛樂與皇后二戲院皆有冷氣設備，夏天尤爲舒適。

下列各戲院，爲香港九龍之尤著者。

名稱	地址	電話
太平戲院	皇后大道西	三〇一七一
中央戲院	皇后大道中二百七十號	二五七二〇
東方戲院	勳寧路	二八四七三
皇后大戲院	皇后大道中	三一四五三
娛樂大戲院	皇后大道中三十四號娛樂行	二五三一三
新世界影戲院	德輔道中	二一三三七
大華影戲院	九龍彌敦道	五七二二二
平安影戲院	九龍彌敦道	五六八五六
光明影戲院	九龍公衆四方街	五八三一二

東樂戲院	九龍水渠道一號	五八五三六
景星戲院	九龍漢口道十七號	五七七九五

劇院

名稱	地址	電話
利舞臺	波斯富街	二〇六九二
高陞戲院	皇后大道西一百十五號	二七一三九
普慶戲院	九龍彌敦道三百八十號	五七二七六

第六編　本港舟車

此編專載本港舟車交通，時間及費用各表，以備旅客解決行的問題，雖無嚮導，亦可執卷能行各處。

本港交通

本港交通水陸並重，陸行分汽車、肩輿、山頂纜車、電車、公共汽車；水行分過海輪渡、小汽輪等。

（一）出租汽車

價目

大號車　每點鐘四元　　小號車　每點鐘三元

（二）的士汽車（Taxicab）

價目

香港　第一英里四毫　續行每四分一英里一毫　停車相候每五分鐘一毫

九龍　（大車）第一英里四毫　續行每四分一英里五分　停車相候每五分鐘五分

（小車）第一英里三毫　續行每四分一英里五分　停車相候每五分鐘五分

（三）肩輿

價目

時間	兩名伕	四名伕
十分鐘	一毫五分	三毫
十五分鐘	二毫	四毫
半點鐘	三毫	六毫
一點鐘	四毫	八毫
一點鐘以上每點鐘	二毫五分	四毫

（四）手車

價目

時間	在香港各馬路堅道九龍及新九龍收費
十分鐘	一毫
半點鐘	二毫
一點鐘	三毫
一點鐘以上每點鐘	三毫

時間	山頂及較高道路收費
十五分鐘	二毫
半點鐘	三毫
一點鐘	四毫

一、以上價目乃指市內而言，倘在下午九點鐘後由域多利城僱往西區或東區之海灣景外車費加半。

二、如用兩人推牽者加倍。

山頂纜車公司

在花園道即皇后大道西轉左。

價目表

	堅尼地道	寶雲道	梅道	白加道	山頂
頭等	一毫	二毫	二毫	三毫	三毫
三等	一毫	一毫	一毫	一毫	一毫

時間表　往來同時間　星期日同常日

上午					
六點	六點四十五分	六點三十分	六點四十五分		
七點	*七點十分	七點三十分	七點四十五分		
八點	八點十分	八點二十分	八點三十分	八點四十分	八點五十分
九點	九點十分	九點二十分	九點三十分	九點四十分	九點五十分
十點	十點十分	十點二十分	十點三十分	十點四十分	十點五十分
十一點	十一點十五分	十一點三十分	十一點四十分	十一點五十分	
下午					
十二點	十二點十分	十二點二十分	十二點三十分	十二點四十分	十二點五十分
一點	一點十分	一點二十分	一點三十分	一點四十分	一點五十分
二點	二點十分	二點二十分	二點三十分	二點四十分	二點五十分

三點	三點十分	三點二十分	三點三十分	三點四十分	三點五十分
四點	四點十五分	四點三十分	四點四十分	四點五十分	
五點	五點十分	五點二十分	五點三十分	五點四十分	五點五十分
六點	六點十分	六點二十分	六點三十分	六點四十分	六點五十分
七點	七點十分	七點二十分	七點三十分	七點四十分	七點五十分
八點	八點十分	八點二十分	八點三十分	八點四十五分	
九點	九點十五分	九點三十分	九點四十五分		
十點	十點十五分	十點三十分	十點四十五分		
十一點	十一點十五分	十一點三十分	十一點四十五分	十二點正	十二點十五分

過時特別包車須於十二小時以前正式接洽方爲有效　七點十五分爲慢車

山頂纜車公司成立於西曆一八八八年，現用電力行駛有二鋼纜拖車上落，每長五千尺，除用汽壓停車制，尚有自動保險停車制以備不虞，每常試用，雖在最斜之坡道行駛時，可能在八尺以內完全停止。

香港酒店公共汽車表

往來淺水灣經司徒拔道經黃坭沖:

價目

單程　四毫　來回　七毫五分　小孩　單程　二毫　來回　三毫五分

時間　香港開

星期一至五	上午	七點四十五分	九點四十五分	十一點十五分	
	下午	十二點四十五分	二點三十分	三點	四點十五分
		五點	五點三十分	六點	六點三十五分
		七點三十分	九點三十分	十一點三十五分	
星期六	上午	七點四十五分	九點四十五分	十一點十五分	
	下午	十二點三十分	一點十五分	二點至六點三十五分每三十分鐘一次	
		七點三十分	九點三十分	十一點三十五分	
星期日	上午	七點四十五分	九點	十點三十分	十一點三十分
	下午	十二點三十分	二點至六點三十五分每三十分鐘一次		
		七點	十一點三十五分		

時間　淺水灣開

星期一至五	上午	八點二十分	八點四十分	九點	十點十五分	十一點四十五分
	下午		二點	三點	四點	五點三十分

		六點	七點	七點三十分	八點三十分	十二點
星期六	上午	八點二十分	八點四十分	九點	十點十五分	十一點四十五分
	下午	二點至七點三十分每三十分鐘一次		八點三十分	十二點	
星期日	上午	七點三十分	九點十五分	十點三十分	十一點	十二點
	下午	二點三十分至七點三十分每三十分鐘一次			八點三十分	十二點

香港公共汽車（即中華汽車有限公司）

價目路線時間表：

價目表

路線	路由	頭等	二等
一號	西營盤至跑馬地	一毫	五仙
二號	油蔴地碼頭至太古船澳	一毫	五仙
三號	油蔴地碼頭至大學堂	一毫	
四號	油蔴地碼頭至瑪麗醫院	一毫半	一毫
四號	油蔴地碼頭至大學堂	一毫	五仙
四號	七號差館至瑪麗醫院	一毫	五仙
五號	大坑至堅尼地城	一毫	五仙
三號A	油蔴地碼頭至摩星嶺	二毫	
三號A	大學堂至摩星嶺	一毫	

三號A	大學堂至皇家碼頭	一毫	
六號	油蔴地碼頭至赤柱	三毫半	二毫半
六號	黃泥涌凹至赤柱	二毫半	一毫半
六號	油蔴地碼頭至淺水灣	二毫半	一毫半
六號	油蔴地碼頭至黃泥涌凹	二毫	一毫半
六號	淺水灣至黃泥涌門	二毫	一毫半
六號	淺水灣至赤柱	一毫半	一毫
六號	油蔴地碼頭至東山台	一毫	一毫
六號A	油蔴地碼頭至淺水灣	二毫半	
六號A	油蔴地碼頭至黃泥涌凹	二毫	
六號A	淺水灣至黃泥涌凹	二毫	
六號A	油蔴地碼頭至嶺南學校	一毫	
七號	統一碼頭至香港仔	二毫	一毫半
七號	統一碼頭至鷄籠環	二毫	一毫半
七號	統一碼頭至牛奶公司	二毫	一毫半
七號	大學堂至香港仔	二毫	一毫半
七號	統一碼頭至瑪麗醫院	一毫半	一毫
七號	大學堂至牛奶公司	一毫半	一毫
七號	大學堂至鷄籠環	一毫半	一毫
七號	香港仔至牛奶公司	一毫半	一毫
七號	香港仔至瑪麗醫院	一毫半	一毫

七號	統一碼頭至大學堂	一毫	一毫
七號	大學堂至瑪麗醫院	一毫	一毫
七號	鷄籠環至瑪麗醫院	一毫	一毫
七號	牛奶公司至瑪麗醫院	一毫	一毫
七號	牛奶公司至鷄籠環	二毫	一毫半
七號A	香港仔至赤柱	二毫	一毫
七號A	香港圍至赤柱	二毫	一毫
七號A	壽臣村道至赤柱	一毫半	一毫
七號A	深水灣至赤柱	一毫半	一毫
七號A	深水灣至赤柱	一毫半	一毫
七號A	淺水灣至赤柱	一毫半	一毫
七號A	香港仔至淺水灣	一毫半	一毫
七號A	香港仔至深水灣	一毫	五仙
七號A	深水灣至淺水灣	一毫	五仙

路線及時間

第一號路線　西營盤至跑馬地

經康樂道　美利道　皇后大道東　軍器廠街　莊士頓道　灣仔道　麼利臣山道　及黃泥涌道

由西營盤開　每十分鐘一次（由上午六時十二分起至夜十一時二十二分止）

由跑馬地開　每十分鐘一次（由上午五時五十二分起至夜十一時零二分止）

由油蔴地碼頭開　每五分鐘一次（由上午八時零四分起至下午八時零四分止）

第二號路線　油蔴地碼頭至太古船澳（東閘）

經康樂道　美利道　皇后大道　東　軍器廠街　洛克道　波斯富街　軒尼詩道　高士威道　及英皇道

由油蔴地碼頭開　每十五分鐘一次（由上午六時起至下午二時止）
每十分鐘一次（由下午二時起至下午八時三十分止）
每十五分鐘一次（由下午八時三十分起至下午十時止）

由太古開　每十五分鐘一次（由上午六時起至下午二時十五分止）
每十分鐘一次（由下午二時十五分起至下午八時四十五分止）
每十五分鐘一次（由下午八時四十五分起至下午十時止）

第三號路線　油蔴地碼頭至大學堂

經必打街　德輔道中　花園道　堅道　般含道

由油蔴地碼頭開　每五分鐘一次（由上午七時十七分起至下午十時零二分止）
每十分鐘一次（由下午十時零二分起至下午十一時五十二分止）

由大學堂開　每五分鐘一次（由上午七時三十四分起至下午十時十九分止）
每十分鐘一次（由下午十時十九分起至夜後十二時零九分止）

星期日及假期

由油蔴地碼頭開　每十分鐘一次（由上午七時十七分起至上午九時五十七分止）
每五分鐘一次（由上午九時五十七分起至下午十時零二分止）
每十分鐘一次（由下午十時零二分起至下午十一時五十二分止）

由大學堂開　每十分鐘一次（由上午七時三十四分起至上午十時十四分止）
每五分鐘一次（由上午十時十四分起至下午十時十九分止）
每十分鐘一次（由下午十時十九分起至夜後十二時零九分止）

第三號A路線　皇家碼頭至摩星嶺

經必打街　德輔道中　花園道　堅道　般含道　薄扶林道　及摩星嶺道

由皇家碼頭開

上午七時三十分　上午八時二十五分　上午九時十五分　上午十時二十分　正午十二時二十分

下午一時十五分　下午二時二十分　下午三時二十分　下午四時二十分　下午五時十五分

下午六時二十分　下午七時十五分　下午八時二十分　下午九時十五分　下午十時二十分

夜十一時二十分

由摩星嶺開

上午八時正　上午八時五十分　上午九時四十分　上午十時五十分　正午十二時五十分

下午一時五十分　下午二時五十分　下午三時五十分　下午四時五十分　下午五時五十分

下午六時五十分　下午七時五十分　下午八時五十分　下午九時五十分　下午十時五十分

夜十一時四十五分

第四號路線　油蔴地碼頭至瑪麗醫院

經必打街　皇后大道中　西　薄扶林道

由油蔴地碼頭開　每十分鐘一次　（由上午七時零七分起至下午十時零七分止）

由瑪麗醫院開　每十分鐘一次　（由上午七時二十七分起至下午十時二十七分止）

第五號路線　大坑至堅尼地城

經卑路乍街　皇后大道西　中　及唸道　麼利臣山道　禮頓山道　加路連道　及大坑　銅鑼灣道

由大坑開　每五分鐘一次　（由上午五時三十分起至夜十二時止）

由堅尼地城開　每五分鐘一次　（由上午六時正起至夜十二時三十五分止）

第六號路線　油蔴地碼頭至赤柱

經必打街　皇后大道　及東　士塔士道　淺水灣道　及香島道

由油蔴地碼頭開　每半點鐘一次　(由上午六時三十分起至下午五時三十分止)

每點鐘一次　(由下午五時三十分起至下午十時三十分止)

由赤柱開　每半點鐘一次　(由上午七時十五分起至下午六時十五分止)

每點鐘一次　(由下午六時十五分起至下午十一時十五分止)

第六號A路線　油蔴地碼頭至淺水灣

由油蔴地碼頭開　每小時一次　(由正午十二時至下午八時止)

由淺水灣開　每小時一次　(由正午十二時三十分起至下午八時三十分止)

星期日及假期

由油蔴地碼頭開　每三十分鐘一次(由上午十時起至下午八時止)

由淺水灣開　每三十分鐘一次(由上午十時三十分起至下午八時三十分止)

第七號路線　油蔴地碼頭至香港仔

經康樂道中　西　東邊街　皇后大道西　薄扶林道　及香島道

由香港仔開　每二十分鐘一次(由上午五時三十分起至上午七時三十分止)

每十五分鐘一次(由上午七時三十分起至上午九時十五分止)

每十二分鐘一次(由上午九時十五分起至下午五時十五分止)

每十五分鐘一次(由下午五時十五分起至下午八時止)

每二十分鐘一次(由下午八時起至下午九時四十分止)

由油蔴地碼頭開　每二十分鐘一次(由上午六時起至上午八時止)

每十五分鐘一次(由上午八時起至上午九時四十五分止)

每十二分鐘一次(由上午九時四十五分起至下午五時四十五分止)

每十五分鐘一次（由下午五時四十五分起至下午八時三十分止）
每二十分鐘一次（由下午八時三十分起至下午十時十分止）

第七號A路線　香港仔至赤柱
經香島道　淺水灣

由香港仔開

上午七時正　上午八時十五分　上午九時十五分　上午十時十五分　上午十一時十五分
下午十二時十五分　下午一時十五分　下午二時十五分　下午三時十五分　下午四時十五分
下午五時十五分　下午六時十五分　下午七時十五分

由赤柱開

上午七時三十分　上午八時四十五分　上午九時四十五分　上午十時四十五分
上午十一時四十五分　下午十二時四十五分　下午一時四十五分　下午二時四十五分
下午三時四十五分　下午四時四十五分　下午五時四十五分　下午六時四十五分
下午七時四十五分

香港電車公司

價目表

路名	頭等	三等
堅尼地城 或 屈地街	六分	三分
銅鑼灣 或 愉園	六分	三分
上環街市 或 筲箕灣	一毫	五分
筲箕灣 或 鰂魚涌	一毫	五分
十二歲以下孩童	五分	

時間表

銅鑼灣 及 屈地街　每五分鐘一次

由銅灣鑼　頭車上午六點零一分　尾車下午十一點五十六分

由屈地街　頭車上午六點三十一分　尾車下午十二點二十分

特加早晨車由屈地街至銅鑼灣　上午六點零六分　六點十一分　六點二十三分　六點三十八分

銅鑼灣 及 堅尼地城　每五分鐘一次

由銅鑼灣　頭車上午五點五十八分　尾車下午十一時五十八分

由堅尼地城　頭車上午六點三十三分　尾車下午十二點三十三分

特加早晨車由堅尼地城至銅鑼灣　上午六點十八分

愉園 及 屈地街　每五分鐘一次

由愉園　頭車上午五點五十七分　尾車下午十一點二十七分

由屈地街　頭車上午六點二十七分　尾車下午十一點四十二分

特加早晨車由愉園至上環街市　上午五點三十七分　六點零二分

由愉園至屈地街　上午五點四十七分

由屈地街至愉園　上午六點十七分

特加夜晚車由愉園至上環街市　下午十一點三十二分至十一點五十七分

愉園及堅尼地城　每五分鐘一次

由愉園　頭車上午六點　尾車下午十一點三十分

由堅尼地城　頭車上午六點三十五分　尾車下午十一點三十分

特加早晨車由愉園至堅尼地城　上午五點五十分

由堅尼地城至愉園　上午六點二十五分

上環街市及筲箕灣　每四分鐘一次

由上環街市至筲箕灣　頭車上午五點五十八分　尾車下午十一點二十六分

由銅鑼灣至西灣河　頭車上午五點四十分　五點三十二分　六點零四分

由銅鑼灣至筲箕灣　頭車上午五點五十八分　尾車下午十一點四十六分

由筲箕灣至上環街市　頭車上午六點十一分　尾車下午十一點零六分

由筲箕灣至銅鑼灣　尾車午夜十二點零六分

九龍公共汽車

一路　由尖沙咀至深水埗　經疏利士巴利道、彌敦道、荔枝角道。

時間	尖沙咀開	深水埗開	
上午	五點四十七分至八點十二分	五點四十七分至七點四十七分	每十分鐘一次
上午	八點十二分至十二點二十七分	七點四十七分至十二點零七分	每五分鐘一次
下午	十二點二十七分至一點十二分	十二點零七分至十二點五十二分	每七分半鐘一次
上午	一點十二分至一點四十二分	十二點五十二分至一點二十二分	每十五分鐘一次

二路　由尖沙咀至荔枝角　經疏利士巴利道、彌敦道、大埔路、靑山道。

時間	尖沙咀開	荔枝角開	
上午	五點四十六分至十二點十六分	五點四十四分至十一點四十四分	每十分鐘一次
下午	十二點十六分至十二點三十一分	十一點四十四分至十一點五十九	每十五分鐘一次

二路A　由尖沙咀至欽州街　經疏利士巴利道、彌敦道、大埔路。

時間	尖沙咀開	欽洲街開	
上午	八點二十一分至九點三十一分	七點五十八分至九點零八分	每十分鐘一次

下午	十二點三十一分至二點三十一分	十二點四十八分至二點零八分	每十分鐘一次
下午	四點三十一分至七點三十一分	四點四十八分至七點零八分	每十分鐘一次

（注意）此路線每逢星期日及公假假期停走

三路　由尖沙咀至牛池灣　經疏利士巴利道、漆咸道、蕪湖街、大沽街、馬頭圍道、譚公道、太子道、九龍城、西貢道。

時間	尖沙咀開		
上午	五點四十六分至十二點二十六分	五點二十一分至十二點十六分	每十分鐘一次
下午	十二點二十六分至一點十一分	十二點十六分至十二點四十六分	每十五分鐘一次

三路Ａ　由尖沙咀至九龍城　經疏利士巴利道、漆咸道、蕪湖街、大沽街、馬頭圍道、譚公道、太子道、西貢道。

時間	尖沙咀開	九龍城開	
上午	七點五十一分至下午七點三十一分	上午　七點三十一分至下午七點十一分	每十分鐘一次

五路　由尖沙咀至紀念碑（佐頓道）　經疏利士巴利道、彌敦道、加拿分道、金巴利道、柯士甸道、居士道、佐頓道。

時間	尖沙咀開	紀念碑開	
上午	七點三十二分至九點二十七分	七點三十八分至九點二十八分	每五分鐘一次
上午	九點二十七分至十二點二十七分	九點二十八分至十二點二十八分	每十分鐘一次
下午	十二點二十七分至二點二十七分	十二點二十八分至二點二十八分	每五分鐘一次
下午	二點二十七分至四點五十七分	二點二十八分至四點五十八分	每十分鐘一次
下午	四點五十七分至六點四十七分	四點五十八分至七點零八分	每五分鐘一次
下午	六點四十七分至九點二十七分	七點零八分至九點二十八分	每十分鐘一次

星期日及公衆假期時間

	尖沙咀開	紀念碑開	
上午	七點三十七分至下午九點二十七分	上午 七點四十八分至下午九點二十八分	每十分鐘一次

六路　由尖沙咀至九龍城　經疏利士巴利道、彌敦道、太子道、西貢道。

時間	尖沙咀開	九龍城開	
上午	五點四十七分至七點五十七分	五點二十三分至七點四十三分	每十分鐘一次
上午	七點五十七分至十二點二十七分	七點四十三分至十二點零三分	每五分鐘一次
下午	十二點二十七分至一點十二分	十二點零三分至十二點四十八分	每七分半鐘一次
下午	一點十二分至上午一點四十二分	十二點四十八分至上午一點十八分	每十五分鐘一次

七路　由尖沙咀至九龍塘　經疏利士巴利道、彌敦道、窩打老道。

時間	尖沙咀開	九龍塘開	
上午	六點零二分至十二點十二分	六點至十一點五十分	每十分鐘一次
下午	十二點十二分至上午一點十二分	十一點五十分至上午十二點五十分	每十五分鐘一次

八路　由尖沙咀至九龍塘　經疏利士巴利道、彌敦道、亞皆老街、窩打老道。

時間	尖沙咀開	九龍塘開	
上午	六點零九分至十二點零七分	六點零八分至十一點四十八分	每十分鐘一次
下午	十二點零七分至上午一點零七分	十一點四十八分至上午十二點四十八分	每十五分鐘一次

九路　由佐頓道碼頭至元朗　經佐頓道、彌敦道、大埔道、青山道。

時間	佐頓道碼頭開		元朗開	
上午	五點十八分至下午八點正	上午	五點三十六分至下午八點十八分	每十八分鐘一次

十路　由佐頓碼頭至牛池灣　經佐敦道、上海街、太子道、西貢道。

時間	佐頓碼頭開		牛池灣開	
上午	六點二十九分至晚間一點零五分	上午	六點零五分至晚間十二點四十一分	每十二分鐘一次

十一路　由九龍城至荔枝角　經西貢道、太子道、馬頭圍道、大沽街、蕪湖街、漆咸道、加士居道、

佐頓道、及碼頭、上海街、荔枝角、道欽洲街、青山道。

時間	九龍城開	荔枝角開	
上午	六點零一分至晚間一點零一分	上午　六點零一分至晚間一點零一分	每十二分鐘一次

十三路　由佐頓碼頭至牛池灣　經佐頓道、彌敦道、太子道、西貢道。

時間	佐頓碼頭開	牛池灣開	
上午	六點二十三分至十二點二十三分	五點五十九分至十一點五十九分	每十二分鐘一次
下午	十二點二十三分至晚間十二點三十七分	十一點五十九分至晚間十二點十三分	每十四分鐘一次

十五路　由元朗至錦田

時間	元郎開	錦田開	
上午	六點五十分至下午五點五十分	上午七點零五分至下午六點零五分	每三十分鐘一次

十七路　由元朗至粉嶺

時間	元朗開					
上午	六點四十分	七點三十分	八點零五分	八點五十五分	九點三十分	十點十五分

十一點 十一點五十分

下午 十二點二十分 一點零七分 一點四十分 二點三十分 三點 三點五十分
四點三十五分 五點十分 六點十分

粉嶺開

上午 七點二十分 八點十分 八點五十分 九點三十六分 十點十分 十點五十五分
十一點四十分

下午 十二點三十分 一點零二分 二點二十分 三點十分 三點四十分 四點三十分
五點二十分 六點十五分 六點五十一分

十八路 由粉嶺至沙頭角

時間

粉嶺開

上午 六點十分 七點 七點二十五分 八點十分 九點 九點四十分 十點十五分
十點四十五分 十一點四十五分

下午 十二點三十五分 一點零五分 一點四十五分 二點十五分 二點四十五分
三點三十五分 四點十五分 四點四十五分 五點二十分 六點十五分

沙頭角開

上午 六點四十五分 七點三十五分 八點十五分 九點 九點三十五分 十點十分
十一點五十五分

下午 十二點三十分 一點十二分 一點三十七分 二點十四分 三點 三點三十分
四點十五分 四點四十五分 五點十七分 六點十七分 六點四十五分

價目表

路線		頭等	二等
一路	尖沙咀至深水埗	一毫五仙	一毫
二路	尖沙咀至荔枝角	一毫五仙	一毫
二路A	尖沙咀至欽州街	一毫五仙	一毫
三路	尖沙咀至牛池灣	一毫五仙	一毫
三路A	尖沙咀至九龍城	一毫五仙	一毫
五路	尖沙咀至紀念碑	一毫	五仙
六路	尖沙咀至九龍城	一毫五仙	一毫
七路	尖沙咀至九龍塘	一毫五仙	一毫
八路	尖沙咀至九龍塘	一毫五仙	一毫
九路	佐頓道碼頭至元朗	五毫五仙	四毫
十路	佐頓道碼頭至牛池灣	一毫五仙	一毫
十一路	九龍城至荔枝角	一毫五仙	一毫

十三路	佐頓道碼頭至牛池灣	一毫五仙	一毫
十五路	元朗至錦田	五仙	
十七路	元朗至粉嶺	二毫五仙	
十八路	粉嶺至沙頭角	二毫	

天星小輪公司

往來香港尖沙嘴。

價目

頭等　一毫　二等　四分　小童減半

時間　由九龍開

星期一至六　上午　五點二十分起每次十分鐘　八點零五分起每次五分鐘　九點四十分起每次十分鐘

下午　十二點二十分起每次五分鐘　二點四十分起每次十分鐘　*四點三十分起每次五分鐘

（星期六每次十分鐘）　六點二十分起每次十分鐘　七點零五分起每次五分鐘

八點起每次十分鐘　十二點十五分起每次十五分鐘

星期日　上午　五點二十分起每次十分鐘　下午　十二點十五分起每次十五分鐘

時間　由香港開

星期一至六　上午　五點三十五分起每次十分鐘　八點十五分起每次五分鐘　九點三十五分起每次十分鐘

下午　十二點二十五分起每次五分鐘　二點三十五分起每次十分鐘

*四點三十五分起每次五分鐘　（星期六每次十分鐘）

六點二十五分起每次十分鐘　七點起每次五分鐘

八點零五分起每次十分鐘　十二點十五分起每次十五分鐘

星期日　上午　五點三十五分起每次十分鐘　下午　十二點十五分起每次十五分鐘

香港油蔴地小輪有限公司

往來香港佐頓道(可儎汽車過海)

價目

頭等 一毫　二等 三分　頭等小孩減半

車輛 一噸以內 六毫　二噸以內 九毫　超過二噸每噸加六毫　搭客在車內者每位五分

時間 由香港開

上午 五點及六點四十分每次二十分鐘　六點五十四分及半夜十二點每次十二分鐘

半夜 十二點二十分及二點止每次二十分鐘

時間 由佐頓道開

上午 五點及六點二十分每次二十分鐘　六點三十六分及半夜十二點每次十二分鐘

半夜 十二點二十分及二點止每次二十分鐘

往來香港旺角

時間 由香港開

上午 五點三十分及六點五十分每次二十分鐘　七點及八點四十八分每次十二分鐘

九點及半夜十二點每次十五分鐘　半夜十二點二十分及二點止每次二十分鐘

時間 由旺角開

上午 五點及六點四十分每次二十分鐘　七點及八點四十八分每次十二分鐘

九點及下午十一點三十分每次十五分鐘又至十一點五十分

半夜十二點二十分及一點四十分止每次二十分鐘

往來香港九龍城

價目

頭等　一毫　二等　五分　頭等小孩減半

時間　香港九龍城　相仿時間同開

上午　五點半至六點半　每三十分鐘開一次

上午　七點至下午十點　每二十分鐘開一次

往來香港旺角及深水埗

價目

頭等　一毫　二等　三分　頭等小孩減半

時間　香港開

上午　五點半至六點　}
半夜　十二點半至二點　}每三十分鐘開一次

上午　六點半至六點四十五分

　　　九點十五分至下午三點四十五分　每五分鐘開一次

下午　六點十五分至半夜十二點十五分

上午　七點至九點　}
下午　四點至六點　}每十二分鐘開一次

時間　旺角及深水埗開

上午　五點至五點半
半夜　十二點至一點半　）每三十分鐘開一次

上午　六點至六點四十五分
九點十五分至下午三點四十五分
下午　六點十五分至十二點　）每十五分鐘開一次

上午　七點至九點
下午　四點至六點　）每十二分鐘開一次

往來香港紅磡西灣河

價目
頭等　一毫　二等　五分　頭等小孩減半

時間　西灣河開
上午　五點三十五分至下午五點三十五分　每一點鐘開一次

時間　紅磡開
上午　六點零五分至下午五點零五分　每一點鐘開一次

小汽船

小汽船隨時可以僱用其停泊處香港在干諾道海旁一帶九龍在尖沙嘴碼頭附近。

價目

時間	日間（上午七時至半夜十二時）	夜間（下午十二時至上午七時）
三十分鐘以內	一元二毫	一元四毫
三十分鐘以上不過四十五分鐘	一元八毫	二元一毫
四十五分鐘以上不過一點鐘	二元二毫	二元六毫
一點鐘以上不過點半鐘	三元	三元三毫
一點鐘以上續加每點鐘	二元	二元二毫
等候時間每十五分鐘	三毫	四毫

租賃時間由開車起計至汽船返回原泊處爲止計算。

各停泊處

皇后碼頭	皇后電船有限公司	
皇家碼頭	聯和電船公司	三一三五九
	共和電船有限公司	二一二五九
統一碼頭	德安電船公司	

干諾道中	康樂電船公司	二四四四八
瓊山碼頭	東昌電船公司	
東西安碼頭	常有電船公司	二一九七六
寶德碼頭	祥發電船公司	二四六一一
	聯泰電船公司	
永樂碼頭	永樂電船公司	
	成發電船公司	
灣仔	陳利電船公司	
尖沙嘴碼頭	民力電船公司	

來往香港及長洲

價目

頭等　三毫半　半費　二毫　二等　二毫整　半費　一毫

時間

香港開		到長洲	
上午	六時	上午	七時
下午	二時	下午	三時
	五時三十分	下午	六時三十分
	八時	下午	九時（由五月一日起至九月三十日止除星期六及星期日外餘均照常來往）
	九時三十分	下午	十時三十分（逢星期六及星期日開行）

長洲開		到香港	
上午	三時	上午	四時
	七時四十五分	上午	八時四十五分
下午	四時	下午	五時
	六時四十五分	下午	七時四十五分(除由五月一日起至九月三十日止祇於星期六及星期日開行)

來往香港及荃灣

價目

頭等 二毫整 半費 一毫 二等 一毫半 半費 五分

時間

香港開		到荃灣	
上午	五時	上午	五時五十分
	十二時	下午	一時(拖渡)
下午	五時五十五分	下午	六時四十五分

荃灣開		到香港	
上午	三時	上午	三時五十分
	六時三十分	上午	七時三十分(拖渡)
下午	一時十五分	下午	二時〇五分
	五時	下午	五時五十分

來往香港及大澳

價目

	汲水門	屯門	東涌	大澳
頭等	二毫半	三毫整	四毫整	五毫整
二等	一毫半	二毫整	三毫整	三毫整

時間

	香港開	汲水門開	屯門開	東涌開	到大澳
上午	◉四時	—	五時三十分	◉六時三十分	七時十五分
上午	四時二十五分	五時十五分	五時五十五分	—	七時二十五分
下午	一時三十分	二時二十分	二時五十五分	三時四十五分	四時三十分
	大澳開	東涌開	屯門開	汲水門開	到香港
上午	七時四十五分	八時三十分	九時十五分	九時四十分	十一時
下午	◉六時	◉六時四十五分	七時四十五分	—	九時二十五分
下午	六時二十五分	—	七時四十五分	—	九時二十五分

（符號說明）有◉符號者，表示由六月一日起至九月三十日止，照此時間開行。倘因天氣不佳，則不在此限。

來往香港及坪洲

價目

頭等	三毫整	半費	一毫半

時間	香港開	到坪洲
上午	七時四十五分	上午 八時三十五分
下午	二時三十分	下午 三時二十分
時間	坪洲開	到香港
上午	九時	上午 九時五十分
下午	三時五十分	下午 五時五十分（路經荃灣）

任重致遠之

美國"佳士拿"廠出品"花告"貨車

戰時之交通，側重公路，公路之發展，端賴行車。欲求堅固耐勞任重致遠者，莫如美國「佳士拿」廠之「花告」貨車長途汽車。其特長處機件雄壯，馬力充足，遇震盪而減少顛簸，履崎嶇如順行平地。非常時期而有此貢獻，誠足驚人。載重半噸至五噸，無所不備。蔓存大幫零件，式式俱全。另備有「道濟」「福特」「雪佛」各種零件，以應需求。惠顧　諸君，千萬留意！

總代理

南方汽車行有限公司

香港灣仔軒鯉詩道三五零號

電話：二五六四四

[GH]NFM

廣九路行車時間表（上行車由九龍至廣州）

站名	九龍開	油蔴地開	沙田開	大埔開	大埔墟開	粉嶺開	上水開	深圳到
本埠 上午	六點三十分	六點三十八分	六點五十分	七點零三分	七點零八分	七點十九分	七點二十四分	七點三十分
花車 S	八點二十五分	—	—	—	—	—	九點零一分	九點零七分
慢車 上午	八點四十分	八點五十一分	九點零三分	九點十六分	九點二十五分	九點三十六分	九點四十分	九點四十六分
花車 上午 S	九點十五分	—	—	—	—	—	九點五十一分	九點五十七分
本埠 上午	九點五十四分	十點零一分	十點十三分	十點二十七分	十點三十二分	十點四十三分	十點四十八分	十點五十四分
本埠 下午	十二點十二分	十二點二十分	十二點三十二分	十二點四十六分	十二點五十二分	一點零二分	一點零七分	一點十三分
花車 下午 H	一點零八分	—	—	—	—	一點四十二分	一點四十六分	一點五十二分
本埠 下午	一點二十五分	一點三十二分	一點四十四分	一點五十七分	二點零二分	二點十二分	二點十七分	二點二十三分
本埠 下午	四點十八分	四點二十七分	四點四十分	四點五十四分	五點零六分	五點十七分	五點二十二分	五點二十八分
本埠 下午	五點二十三分	五點三十一分	五點四十三分	五點五十六分	六點零二分	六點十二分	六點十七分	六點二十三分
飛星 下午	六點零五分	—	—	—	—	—	—	六點四十分
本埠 下午	七點五十五分	八點零二分	八點十四分	八點二十七分	八點三十六分	八點四十七分	八點五十二分	八點五十八分

廣州到
九點

廣九路行車時間表

站名	廣州開	深圳開	上水開	粉嶺開	大埔墟開	大埔開	沙田開	油蔴地開	九龍到
慢車上午		六點三十分	六點三十七分	六點四十一分	六點五十五分	七點零三分	七點十七分	七點三十四分	七點四十分
本埠上午		七點零六分	七點十三分	七點十八分	七點二十九分	七點三十五分	七點四十九分	八點零二分	八點零八分
本埠上午		七點五十八分	八點零五分	八點十分	八點二十一分	八點二十六分	八點四十分	八點五十二分	八點五十八分
本埠上午		九點五十九分	十點零六分	十點十分	十點二十分	十點二十六分	十點三十九分	十點五十一分	十點五十七分
本埠下午		十二點十七分	十二點二十四分	十二點二十九分	十二點四十一分	十二點四十七分	一點零一分	一點十四分	一點二十分
本埠下午		二點二十八分	二點三十六分	二點四十四分	二點五十八分	三點零四分	三點十八分	三點三十一分	三點三十七分
本埠下午		五點三十九分	五點四十六分	五點五十分	六點零一分	六點零六分	六點十九分	六點三十一分	六點三十七分
本埠下午		六點四十分	六點四十七分	六點五十一分	七點零一分	七點零八分	七點十九分	七點三十一分	七點三十七分
飛龍下午	五點五十分	八點十二分	|	|	|	|	|	|	八點四十七分

S——星期及假日，祇有頭等車。

H——星期六，祇有頭等車。

廣九鐵路英段價目表

站名	等	九龍	油蔴地	沙田	大埔	大埔墟	粉嶺	上水
油蔴地	頭等	二毫						
	二等	一毫半						
	三等	五分						
沙田	頭等	六毫半	四毫半					
	二等	四毫	二毫半					
	三等	二毫	一毫半					
大埔	頭等	一元一毫半	九毫半	五毫				
	二等	七毫半	六毫	三毫半				
	三等	三毫半	三毫	一毫半				
大埔墟	頭等	一元三毫	一元一毫	六毫	一毫半			
	二等	八毫半	七毫	四毫	一毫			
	三等	四毫	三毫半	二毫	五分			
粉嶺	頭等	一元六毫半	一元四毫半	一元	五毫	三毫半		
	二等	一元一毫	九毫半	七毫	三毫半	二毫半		
	三等	五毫	四毫半	三毫	一毫半	一毫		
上水	頭等	一元七毫半	一元五毫半	一元一毫	六毫	四毫半	一毫	
	二等	一元一毫半	一元	七毫半	四毫	三毫	五分	
	三等	五毫半	五毫	三毫半	二毫	一毫半	五分	
深圳	頭等	一元九毫半	一元七毫半	一元三毫	八毫	六毫半	三毫	二毫
	二等	一元二毫	一元一毫半	九毫	五毫半	四毫半	二毫	一毫半
	三等	六毫半	六毫	四毫半	三毫	二毫半	一毫	一毫

省港輪船時間及價目表

船名	西餐房	唐餐房	唐餐樓	尾樓	大艙	香港碼頭	由香港開行	船上電話
天一	單程三元 來回五元	單程二元四 來回三元六	一元八	一元四	七毫	康樂道西平安碼頭	逢禮拜一、三、五晨早八點上省	無
泰山	六元半	三元六	二元八	一元八	九毫	康樂道中省港輪船公司碼頭	逢禮拜一、三、五上午八點上省	二一九六八
佛山	六元半	三元六	二元八	一元八	九毫	康樂道中省港輪船公司碼頭	逢禮拜二、四、六日上午八點上省	二一九六七
東安	五元	三元六	二元八	一元八	九毫	干諾道中同安碼頭	逢星期一、三、五晨早八時上省	無
西安	五元	三元六	二元八	一元八	九毫	干諾道中同安碼頭	逢星期二、四、六晨早八時上省	無
廣東	二元半	無	一元六	一元二	六毫	干諾道西元安碼頭	上午八點上省	無
廣西	二元半	無	一元六	一元二	六毫	干諾道西元安碼頭	上午八點上省	無

港澳輪船時間價目表

船名	西餐房	唐餐房	唐餐樓	尾樓	大艙	香港碼頭	由香港開行	船上電話
交通	單程三元 來回五元	二元	一元四	七毫	三毫	干諾道中同安碼頭	每日下午二時往澳	無
泉州	三元	二元	一元四	一元	五毫	干諾道中元安碼頭	每日下午二時往澳	無

金山	五元	二元二	一元	七毫	三毫	干諾道西	每日上午八點往澳 禮拜六下午五點半往澳 禮拜日上午九點半往澳	無
瑞泰	五元	二元二	一元	七毫	三毫	干諾道西	每日下午五點半往澳 禮拜六上午九點半往澳 禮拜日下午五點半往澳	無

港梧輪船價目時間表

	三水	肇慶	德慶	都城	梧州
超等西餐房	九元六	九元六	十元八	十二元	十五元
頭等西餐房	八元正	八元正	九元正	十元正	十二元
特等西餐房	四元八	四元八	五元二	六元正	七元正
唐餐樓	三元六	三元六	四元正	四元八	五元六
尾樓	二元八	二元八	三元正	三元六	四元二

時間　看各大報

船名	碼頭
江寧	干諾道西海安碼頭
大明	上環街市碼頭
中安	干諾道西泰興碼頭

船名	碼頭
江蘇	干諾道西海安碼頭
大興	上環街市碼頭

港江輪船價目時間表

船名	西餐房	唐餐房	唐餐樓	尾樓	大艙	碼頭	由香港開
福安	四元五	三元六	三元二	二元四	一元二	上環街市碼頭	逢禮拜三六往江門
大利	五元五	四元五	三元五	二元六	一元四	干諾道中平安碼頭	逢禮拜一四往江門
安利	五元五	四元五	三元五	二元六	一元四	干諾道中平安碼頭	逢禮拜二五往江門
廣福祥	四元五	三元六	三元二	二元四	一元二	干諾道中寶德碼頭	逢禮拜三六往江門

香港汕頭廈門福州輪船（德忌利士輪船公司）

碼頭　在皇家碼頭附近

開行日期　見日報船期表

船名

新海門

海澄

海陽

海壇

沿海各埠輪船表

口岸	公司	票價	開行日期
廈門	招商局輪船公司	二十元	每月七八次
	太古	三十六元	每星期三五
	德忌利士輪船公司	三十六元	每星期二五
	印華輪船公司	三十六元	
	渣華中國日本輪船公司	四十五元	
	渣華輪船公司	五十元	每隔一星期三
盤谷	太古	一百二十元	星期日
德利	渣華輪船公司	十七鎊十二先令十	每隔一星期四
巴泰維亞	渣華中國日本輪船公司	一百五十盾	
卡爾卡塔	鐵行輪船公司	四百〇五元	每月三次
煙台	太古	八十五元	每星期一次
	印華輪船公司	八十五元	每二星期一次
大連	太古	一百二十元	每星期一次
	渣華中國日本輪船公司	一百四十元	每二星期一次
福州	太古	五十五元	每星期日
	德忌利士輪船公司	五十五元	每星期二五
	印華輪船公司	五十五元	有時
海防	太古	六十五元	每星期五

海防	印華輪船公司	西貢幣五十元 加入口稅	每星期
馬卡薩	渣華中國日本輪船公司	一百五十盾	
牛莊	太古	一百三十元	每星期
西貢	法蘭西火船公司	頭等十二鎊 二等八鎊	每隔一星期二
桑打康	渣華中國日本輪船公司	一百六十元	每二星期
上海	鐵行輪船公司 招商局輪船公司 太古 印華輪船公司	一百元 五十元 六十元 六十元	每月三次 每月八次 每星期二三五日 每隔二星期
泗水	渣華中國日本輪船公司	一百七十五盾	
星嘉坡	鐵行輪船公司 太古 印華輪船公司 渣華輪船公司	一百五十五元 一百至一百四十四元 七十五元 十二鎊十二先令十	每月三次 每星期日 每月二次
汕頭	招商局輪船公司 太古 德忌利士輪船公司 印華輪船公司 渣華輪船公命	十三元 二十四元 二十四元 二十四元 三十元	每月七八次 每星期日二 每星期日二三五 每星期日三 每隔一星期三
天津	太古	一百十元	每星期日

青島	招商局輪船公司	九十五元	每星期三五
	印華輪船公司	九十五元	每星期日三
威海衛	太古	八十五元	每二星期
	印華輪船公司	八十五元	每二星期

香港上海大輪表

開往	船公司	頭等	二等	三等	四等
上海	大來輪船公司	美金五十四元	美金三十五元	國幣四十元	國幣二十五元
	昌興輪船公司	美金五十四元	美金三十五元	國幣四十元	國幣二十五元
	法蘭西火船公司	八鎊	五鎊半	三鎊	一鎊半
	意大利郵船公司	九鎊	六鎊	四鎊	國幣三十五元
	渣華輪船公司	國幣一百二十元	國幣六十元	國幣四十元	國幣二十元
	大英輪船公司	九鎊	五鎊半	無	無
	藍煙囪(太古)	九鎊	無	無	無
	北德輪船公司	九鎊	六鎊	無	無
	亨寶輪船公司	七鎊	無	無	無

十二歲以下半票　大來昌興二公司四歲以下四分之一票　其他各輪三歲以下四分之一票　三歲以下免費以一人爲限　開行時開　以上各船公司合混每星期開行二次至四次

電話三一六零一
AUTO ENAMEL
駱駝牌漆油
風行社會
國民製漆廠出品
香港英皇道
七零四至七一零號
U.A.A.S.

中國航空公司

香港至重慶時間票價表　每星期二四六開航

地名	香港	梧州	桂林或柳州	貴陽	重慶
時間		九點三十分到	十點五十分到		十三點五十分到
	八點	九點五十分開	十一點十分開		
票價 去程港幣 返程國幣		九十元	一百四十元	二百三十元	三百二十元
逾重行李每公斤		一元	一元七毫	二元八毫	三元八毫
航程公里		三百二十	五百五十七	九百五十七	一千三百〇七

注意

(一)客票只限本人當日可用
(二)客票須於到達站時交本公司職員
(三)飛機無論因何事由倘對於乘客身體或行李發生損害時該乘客或其關係人概不得請求賠償
(四)凡行李重量超過十五公斤或三十三磅者其得攜帶與否須視當時情形為斷如准予攜帶則所超過重量應照章納費
(五)本公司因不得已之事故得臨時退票
(六)本公司飛機不備飲食凡往來乘客應請自備

(七)乘客須遵守交通部規定郵運航空器乘客取締規則

附交通部規定郵運航空器乘客取締規則(十九年九月十八日公佈)

(一)有神經病或傳染病者酒醉者幼童無人監護者均不得乘坐航空器

(二)乘客不得攜帶違禁物危險物或照相機

(三)乘客不得於航行中測繪或速寫地圖

(四)乘客不得於航行中拋擲物品

(五)乘客不得於航行中吸煙酗酒喧嘩鬭毆

(六)乘客不得拒絕官廳或郵運航空機關合法之檢查

(七)乘客違反第二款或第三款之規定者扣留其物品送交該管官廳處分違反第四款或第五款之規定者強令其在次站離機違反第六款之規定者拒絕其乘坐

(八)依前款之規定被強令離機或拒絕乘坐之乘客不得請求退票

(九)乘客違反第二款至第四款或第六款之規定者其形跡如有犯罪嫌疑得由郵運航空機關送交主管官廳究辦

(十)本規則自公佈日施行

歐亞航空公司

香港至河內時間票價表　由漢口西安轉

地名		時間 到	時間 開
香港	每日		七點
長沙	每日	十點三十五分	十點五十五分
漢口	每星期二六	十二點二十分	八點
西安	每星期日三	十一點十五分	七點
成都	每星期日三	十點	十點三十分
昆明	每星期三	十四點	十五點三十五分
河內	星期三	十八點	

票價港幣	逾重行李每公斤	航程公里
一百八十五元	一元八毫半	七百四十
二百四十五元	二元四毫半	一千〇四十
三百七十五元	三元七毫半	一千六百八十
四百十五元	四元一毫半	二千零十
三百四十五元	三元四毫半	二千三百
四百四十元	四元四毫	一千三百三十

香港至河內時間表　由柳州昆明轉

地名	時間 到	時間 開	票價港幣	逾重行李公斤	航程公里
香港 星期日三		七點四十五分			
柳州 星期日三	十點四十五分	十一點十五分	一百四十元	一元四角	六百五十
昆明 星期日三	十四點	十五點三十五分	三百四十五元	三元四毫半	一千三百三十
河內 星期日三	十八點		四百四十元	四元四毫半	一千八百九十

注意

一　自香港或河內出發之行李或貨物其運費應收取港幣或越幣

二　乘客隨身免費行李重量以十五公斤爲限

三　逾重行李或普通貨物每一公斤各照上表分別收費不及一公斤者按一公斤計算餘類推

四　特別貨物或貴重貨物按普通貨物三倍收費

五　每一行李或貨物之體積不得超過 75:50:50 公分（30:20:20 英寸）

汎美航空公司

香港至舊金山時間票價表　每星期四開航

地名	時間		票價	逾重行李每公斤
香港		星期四八點三十分開		
小呂宋	星期四二點三十分到	星期六四點開	八十金圓	八毫金圓
瓜緊島	星期六六點三十分到	星期日六點開		
韋克島	星期日七點到×	星期一六點開		
半途島	星期日五點到	星期一六點開		
檀香山	星期一五點三十分到	星期二十二點開	六百九十三金圓	六元九毫三分金圓
舊金山	星期三十點三十分到		九百五十金圓	九元五毫金圓

×在韋克島及半途島之間爲國際日期交界線故有兩星期日

帝航公司

香港至英國時間票價表

地名	時間	
香港		星期五開
檳榔嶼	星期六到	星期日三十點開
盤谷	星期日三下午到	星期一四六點十五分開
仰光		星期一四九點五十分開
卡爾卡塔	星期一四下午到	星期二五五點三十分開
埃及	星期五一晚到	星期六二六點開
布林提西	星期六二晚到	星期六二一九點四十四分開
法蘭西		星期一四九點三十分開
倫敦	星期一四十二點三十分到	

票價	逾重行李每公斤
三十鎊	三先令
二十五鎊	二先令六
四十四鎊	四先令五
五十六鎊	五先令七
一百二十鎊	十二先令八
一百四十五鎊	十四先令六
一百五十四鎊	十五先令五
一百六十鎊	十六先令

香港至英國之倫敦乃先由香港至檳榔嶼再由檳榔嶼轉乘英澳線達英國

祇有一事不如人

光字廠地球牌風燈
真光廠各牌電池
工料效率特點種種均能與舶來品並駕齊驅
祇有一事就是取價之公道那就自問不如人之濫取

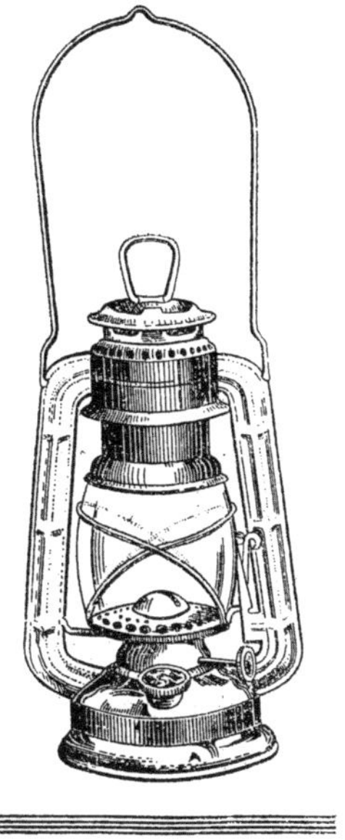

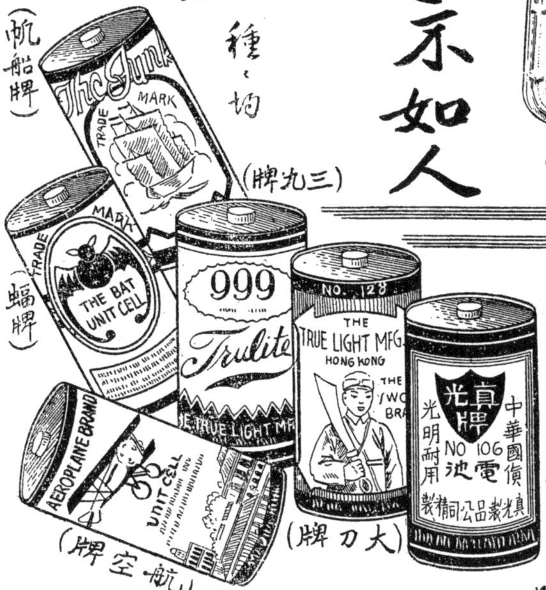

(帆船牌)　(三九牌)　(蝠牌)　(航空牌)　(大刀牌)　(真光牌)

製造廠：九龍大角咀必發道門牌弍十三號
光字電話五一三八一　真光電話五六九九弍九
總經理：香港永樂街八號永豐行　電話三一三零二

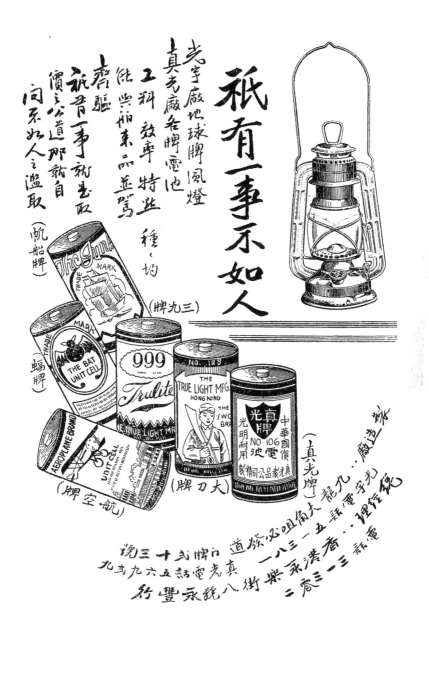

香港文化教育用品供應的中心

商務印書館香港分館

[地址]皇后大道中三十五號　[電話]二一六三一

發售

▼本版圖書雜誌
▼歐美原版西書
▼中西文具儀器
▼印刷鉛件材料

承接

▼外客委印之件
▼商務印書館函授學校學員報名單

↑門面

→店堂

[GH]1-27

第七編　公署會所報館商行名錄

一　政府公署

名稱		地址	電話
督憲府	Government House	花園路	三九轉
法政使	Attorney General's Office	德輔道	三九轉
議政局	Executive Council	下亞厘畢道輔政司署	
定例局	Legislative Council	下亞厘畢道輔政司署	
市政衛生局	Urban Council	書信館屋宇	三九轉
牌照局	Licensing Board	書信館屋宇	
郵政局	Post Office, General	書信館屋宇	三九轉
滅火局	Fire Brigade Department	滅火局行	三〇三〇三
九龍巡理府	Magistracy, Kowloon, The	九龍皇囿	五八〇七一
布政使署	Colonial Secretariat	亞厘畢道	三九轉
華民政務司署	Secretariat for Chinese Affairs	滅火局行	三九轉
核數署	Audit Office	書信館屋宇	三九轉
教育司署	Education Department	滅火局行	三九轉
衛生司署	Medical Department	書信館屋宇	三九轉
考察黴生物署	Bacteriological Institute		三九轉

工務司署	Public Works Department	下亞厘畢道	三九轉
園林監督署	Botanical and Forestry Department	山頂道一號	三九轉
化學司署	Government Laboratory	滅火局行	三一九
香港裁判司署	Magistrates' Court, Victoria	亞畢諾道	三九轉
報窮官署	Official Receiver's Office	德輔道中法院	三九轉
船政司署	Harbour Department	干諾道中	三九轉
海關監督署	Imports and Exports Department	滅火局行三樓	三九轉
警察公署	Police Headquarters	荷李活道	三九轉
監獄部	Prison Department	赤柱	三一一九一
管理生死註册署	Registration of Births and Deaths	書信館屋宇	三九轉
庫務署	Treasury Department	書信館屋宇	三九轉
婚姻註册署(田土官代)	Registration of Marriages Office		三九轉
商標註册署	Registration of Trade Marks and Patents		三九轉
田土廳	Land Office	遮打道	三九轉
高等審判廳	Supreme Court	皇后像	三九轉
量度官寫字樓	Storm Measurer's Office	鐵行屋宇七樓	二〇八六〇
香港海關出入口貨物統計部	Statistical Office	莊士敦道十八號	三九轉
天文臺	Royal Observatory	九龍尖沙咀	五六二
護照部	Passports Office	德輔道中五號中天行六樓	三九轉
加拿大政府移民局	Canadian Govt Immigration Dept	華人行二樓	二四六三八
加拿大政府商務專使	Canadian Govt Trade Commissioner	告羅士打行	二六三二二

二 中國海關

大中華民國九龍新關

三 各國領事

阿根廷領事署	Argentina, Vice-Consulate	皇后行四樓	二六六五一
比國總領事署	Belgium, Consul-General For	皇后大道中五號法國銀行屋宇	二一八九二
報厘韋國領事署	Bolivia, Hon. Consul For	沃行五樓	
古巴領事署	Cuban Consulate	德輔道中十號東亞銀行屋宇	二四四〇二
丹麥國領事官	Denmark, Consul For	沃行	二〇九九八
阿活多國領事署	Ecuador, Consul For	皇后大道中五號法國銀行屋宇	二八六八七
法國領事署	French Consulate	亞力山打行	二一二六六
德國領事署	Germany, Consul General For	必打行七樓	二四七三八
漢都拿國領事署	Honduras, Consul For	皇后大道中五號法國銀行屋宇	二八六八七
義國總領事署	Italy, Consul General	德輔道中交易行三樓	二一一三九
日本國總領事署	Japanese Consulate General	雪廠街太子行	二〇五七九
和國總領事署	Netherlands, Consulate-General	亞細亞行	二三三九六
那威國領事署	Norway, Consul For	沃行三樓	二〇九九八
祕魯國領事署	Peru Consulate	告羅士打行	二二一五六
葡萄牙國領事署	Portugal, Consul For	德輔道中十號東亞銀行屋宇	二三六七八
薩爾發多國領事署	Salvador, Consul For	九龍加連威老道	五八三〇一

暹邏國領事署	Siam, Consul General For	雪廠街十號股份交易行	二〇四四一
瑞典國領事署	Sweden Consul For	德輔道中四號A	三〇九八八
美合衆國總領事署	United States of America, Consulate General	上海銀行屋宇	二七七四一

四　教會

九龍塘基督禮拜堂	窩打老道	
公教華人青年會	堅道十六號	
中華基督教海員佈道會	干諾道西九十八號三樓	
中華循道公會	軒鯉詩道	二七六四八
香港中華基督教女青年會	般含道三十八號C	二六七六一
香港中華基督教青年會	必列啫士街七十號	二六六一八
香港中華基督教青年會九龍支會	窩打老道	五七七四一
聖貞德公教女青年會	堅道三十六號	
聖德肋撒中華青年會	窩打老道九十九號B	五六二一七

五　會所

中華聖教總會	皇后大道東七十六號	二四〇九四
孔聖堂	加路連山道地段三三五七號	二五〇九〇
孔聖會	荷李活道二百二十號	二〇二六八
香港中華廠商聯合會	皇后大道中七十六號三樓	三三三四三
華商會所	德輔道中六號	二六六七七

華商總會	干諾道中六十四至六十五號	二〇二七九
鐘聲慈善社	德輔道中一百二十七號	二三六四八

六　報館

中文報館

華字日報	威靈頓街八號	三〇二四九
華字晚報	威靈頓街五號	二〇二二七
循環日報	歌賦街四十九號	二七八二九
工商日報	德輔道中四十三號	二六七八八
華僑日報有限公司	荷李活道一百十號	二一八六四
珠江日報	干諾道中二十六號	三三三一九
南華日報	荷李活道四十九號	二五六一二
南華早報	雲咸街一及三號	二六六一五
南強日報	荷李活道一百〇六號	
香港朝報	歌賦街五十一號	二二八五一
天演日報	德輔道中三十九號	三三七六三
大衆日報	利源東街十四至十五號	三一五三三
大光報	利源西街五號	二〇一〇九
天光報	德輔道中四十三號	二六七八八
東方日報	荷李活道五十二號	二六九五一
星島日報	灣仔道一百七十七號	三一二〇一
立報	皇后大道中一百七十五號	二〇三四一

星報	威靈頓街五號	二〇二二七
申報	雲咸街七十九號	二八七五〇
大公報	皇后大道中三十三號三樓	二〇二八二
中國晚報	德輔道中二十號	二七五四五
探海燈	士丹利街二十六號	二三〇四五
華星	威靈頓街五十號	
天文台	德輔道中國民行五號	三四〇九三
先聲	中環砵乍甸街八號	三四三五六
天星	山村道二十六號三樓	三一八八四
人生	中環結志街三十六號四樓	
石山報	擺花街五十四號	二八二九八
先導	利源東街十八號	三二四四七
果然	華人行八樓	三三六六九
自然日報	利源東街二十號	三一五七六
快報	皇后大道中三十三號二樓	二五九〇四
浩然報	永和街十二號	三三七一五
英文報館		
孖喇西報	軒鯉詩道四百八十號	三〇二五一
士蔑西報	雲咸街一及三號	二六六一五
德臣西報	雲咸街三號A	二〇〇二二
禮拜報	雲咸街三號A	二〇〇二二

[GH] ATS

[GH]AEC

七　旅行運輸

中國旅行社	皇后大道中六號	三一一一六
四川旅行社	皇后大道中六號	二〇七六七
美國運通銀行遊客部	德輔道四號	三一二三六
通濟隆洋行遊客部	干諾道中皇后行	二〇五二四
九龍旅行社	九龍摩地道六號	五九〇四九
香港旅行會	九龍碼頭入口	五〇五五五
中華運輸公司	皇后大道中十六號五樓	三〇一九三
航空運輸公司	皇后大道中五十三號	二二二一二　三四一〇五—六
國際運輸公司	德輔道中二十六號	三二七七五

八　碼頭

太古倉	尖沙咀	五八〇六六
香港九龍倉碼頭有限公司	尖沙咀	五八〇〇一
香港西環貨倉	正街二號	二〇二四三

九　輪船公司

大來輪船公司	必打街十二號畢打行	二八一七一
太古洋行	干諾道中一號	三〇三三一
太平洋水師輪船公司	必打街十二號畢打行	二八一七一
太豐船務公司	干諾道西二十五號	二六五七六
天祥洋行	上海銀行屋宇	二八〇二一

印華輪船公司	必打街及德輔道中轉角	三〇三一一
和發成		
昌興輪船公司	於仁行地下	二〇〇九五
法蘭西火輪公司	皇后行	二六六五一
洛士利洋行	沃行	二二五三三
美最時（吻嗜士）洋行	皇后行三號	二七七七二
省港澳輪船公司	干諾道中皇后行	二〇一〇一
航運公司	上海街五百〇九號	五九三二九
捷成公司	畢打行	二五二二〇
國營招商局香港分行	干諾道西十五號	二八一八〇
渣甸洋行	必打街十八號	三〇三一一
渣華中國日本輪船公司	沃行	二八〇一五
意國郵船公司	皇后行	三二九八二
德忌利士輪船公司	鐵行屋宇	二八〇三七
鐵行輪船公司	干諾道中鐵行屋宇	二七七二一

十　小輪及駁運公司

共和電船有限公司	砵甸乍街二十八號	二一四二〇
香港九龍駁運公司　香港寫字樓	德輔道中二十六號四樓	二七六九六
九龍寫字樓	九龍佐敦道三十五號三樓	五九〇八三
黃埔三小輪公司	高士打道六十號	二三一五〇

十一　火車纜車

廣九鐵路英段總寫字樓	尖沙咀	攪五八〇七一叫五二六
山頂纜車公司	亞力山打行	二〇〇六八

十二　航空公司

中國航空公司	皇帝行	三三一三一
九龍寫字樓	半島酒店三號房	五〇六〇五
汎美航空公司(中國航空公司代理)	皇帝行	三三一三一
帝國航空有限公司	半島酒店	五〇九〇五
歐亞航空公司	皇帝行	二五五五二

十三　汽車公司

天一汽車公司	景光街四號	三三四二二
天天汽車公司	源遠街二號	三三一一六
中央的士公司	德輔道中二百三十二號	三〇〇〇〇
公利汽車材料行	軒鯉詩道二二二號	二一一四一
快活汽車公司	皇后大道西四百九十二號	三三八六八
快捷汽車公司	黃泥涌道七十五號	三三〇四四
明星德士有限公司	尖沙咀過海碼頭	二三四五六
亞章修車廠	史釗域道五號	二八六九六
南方汽車行	軒鯉詩道三五〇號	二五六四四
飛行汽車公司	德輔道中二十八號	二二一八八

飛龍汽車公司	黃泥涌道三十三號	三一二六一
香港大酒店汽車部	必打街	二四七五八
香港上海的士公司	黃泥涌道三十三號	三三三三三
國民汽車公司	軒鯉詩道二百六十九號	二六三九四
黃的士汽車公司	干諾道中一百二十八號	二一一一一
萬利汽車公司	摩利臣山道十六號	三三〇七七
聯合貨汽車有限公司		
灣仔車房	駱克道二十四號	二七六七二
油蔴地碼頭辦事處	干諾道中統一碼頭	三〇九三九
楊俊達寫字樓	德輔德中六號廣東銀行屋宇	二〇九〇六
禮頓汽車租賃公司	禮頓山道七十五號	二四四八八
半島酒店車房	九龍疏利士巴利道	五八〇八一
金邊的士有限公司	九龍彌敦道及街市轉角	五七七一四
飛鷹自由汽車公司	九龍廣東道二十七號	五六四三六
南星汽車公司	九龍南昌街二百〇一號	五一〇〇〇
聯合貨汽車有限公司	九龍彌敦道及山東街轉角	五八九八五

十四　電話公司

香港電話有限公司	交易行	二六六〇一

十五　電報局

大北電報公司	干諾道中	二〇四四二
分局	乍畏街六十七號	二一四八一

鹽業銀行

實收股本 七百五十萬元

公積金 六百零五萬餘元

總分行 上海 天津 北平 漢口 南京 青島 廣州

香港分行
德輔道中
電話 二一九二二 三二四二九 二一一二九

九龍枝行
彌敦道三五三號
電話五〇六三一

[GH]YYC

經營銀行一般業務
兼辦儲蓄
總行：上海江西路
國內外重要城市均設
有分支行或代理機關

資本：實收七百萬元

金城銀行

公積金：三百六十七萬元

香港分行
地址：雪廠街七號
電話：經理室三三三七七 營業室三三三七〇
電報掛號：中文六〇〇六 英文KINCHEN

[GH]KCB

廣東銀行

香港政府註冊有限公司

資本實收港幣七,三七二,六六〇·〇〇元

聯行 美國舊金山

分行 上海 廣州 台山 漢口 暹邏 曼谷

總行 香港德輔道中六號 電話 三一二一五 二四一四五

辦理存款放款國內外匯兌及其他一切銀行業務

[GH]BOa

福建省銀行

香港辦事處

行址車打路太子行二樓

本行遍設分行處庫所七十餘單位閩省各地通匯便捷穩妥

電話三一五二九號

顧客惠臨 無任歡迎

[GH]PBF

大東電報公司	干諾道中	二八〇三五
分局	乍畏街六十七號	二一四八一
中國電報局	干諾道中三號	二五七八五
無線電報局	德輔道中	三一〇六一
無線電話公共發電所香港	交易行	二六六〇一
九龍	彌敦道電話行	五九一一六
九廣車站	尖沙嘴	五八〇七一

十六 銀行及交易所

大英銀行有限公司	皇后大道中十五至十九號	二六六三六
大通銀行	皇后大道中十五至十九號	二六六三八
上海商業儲蓄銀行香港分行	皇后大道中六號	三一一一六
友邦銀行	皇后大道中十二號友邦人壽保險公司屋宇	三〇二三四
中南銀行	皇后大道中十一號	三三五六七
中國銀行	皇后大道中四號	二二二七八
中國國貨銀行	鐵行屋宇	三三二八三
永安銀行有限公司	德輔道中二十六號	三一一二一
有利銀行	皇后大道中七號	二八一〇九
交通銀行	雪廠街五號	三四一〇一
安達銀行	德輔道中五號中天行	二三一五七
金城銀行	雪廠街七號	三三三七〇
東亞銀行有限公司	德輔道中十號	二七七四六

法國東方滙理銀行	皇后大道中五號法國銀行屋宇	二二五六九
美國運通銀行	德輔道中四號	二二〇八九
香港上海滙豐銀行	皇后大道中一號	三〇二二一
國民商業儲蓄銀行	德輔道中八號A	二三八八一
荷蘭銀行	荷蘭行	二〇五七八
華比銀行	德輔道中四號A	三四一三一
華僑銀行有限公司	皇后大道中十三號	三〇二一六
渣打銀行	皇后大道中三號	三〇三七六
農民銀行	德輔道中二十三號	三三二八三
義品放款銀行	皇后大道中五號法國銀行屋宇五樓	二一〇六三
萬國寶通銀行	皇后大道中二號	三〇三二一
嘉華儲蓄銀行	永樂街二十四號	二三二二三
福建省銀行	車打街太子行二樓	三一五二九
廣西銀行香港分行	皇后大道中十號	三〇一一三
廣東省銀行	遮打道五號皇后行	二〇一一三
廣東銀行有限公司	德輔道中六號	三一二一五
鹽業銀行	德輔道中二百三十六號	二一一二九
交易所	雪廠街十一號	三〇七六一

十七　書店

商務印書館香港分館	皇后大道中三十五號	二一六三一

中華書局有限公司香港分局	皇后大道中六十九號	二〇六三五
世界書局香港發行所	皇后大道中三十七號B	二七六三四
生活書局	皇后大道中一七五號	二〇三四一
李乾書莊	德忌笠街一號C	
別發有限公司	遮打街沃行	二〇一八五
鴻發書莊	亞力山打行	二〇六九六
環球書局	九龍彌敦道三十六號	

十八　百貨及商品公司

大新有限公司	德輔道中一百八十五號	二八一三四
中華百貨有限公司	皇后大道中六十二A號至六十八號	二八〇六五
先施有限公司	德輔道中一百七十三號	二七七六七
永安有限公司	德輔道中二百十三號	二六六七一
連卡喇佛公司	交易行	二八一五一
惠羅公司	德輔道中二十號	二〇〇九二
新華公司(代理佳美香皂)	大道中十二號友邦行二樓	二〇四二九
謙利行(代理將軍牌葡萄乾)	干諾道中三十二號	二〇四〇一
愼誠行(代理美度游水錶)	德輔道中三十六號	三二三八五

十九　洋服店及洗染公司

茂機女服店	中環德忌笠街一號	三四三二六
占士洋服專家	莊士敦道六號	

亞民興昌洋服商店	皇后大道中五十四號	二三三三六
香港和興公司	德輔道中三十一號	二六三五六
參堅台士西衣店	德輔道中亞力山打行	二〇〇二九
義成洋服	威靈頓街十二號	二一八八二
毛成物甸洋服	九龍北京道八號	五一二七七
林少石洋服	九龍彌敦道三百三十四號	五七七一二
華強機器洗染公司	莊士敦道二百〇五號	二六一八〇
新巧華洗染公司	黃泥涌道一百三十七號	三二六七二
機器洗衣局	告羅士打行	二八九三八
新生活機器洗染公司	九龍太子道一百四十九號	五〇五七八

二十　美容院

良友美髮室	娛樂行	三〇六一九
紅玫瑰理髮室	雪廠街七號	三三三二一
梯士打美容院	必打行二樓	二二一〇三
喜蓮美容院	皇后大道中十四號友邦人壽保險公司行	三四〇五五
瑪利美容室	交易行二樓	三二五〇八
安樂美髮室	雲咸街十二號	二二三一七
西施理髮室	威靈頓街二十一號	
和勝理髮室（外江）	威靈頓街一百二十四號	
美的（外江）理髮室	威靈頓街一百五十二號	
飾美美容院	威靈頓街一百五十號	

朱中興

救時普濟水

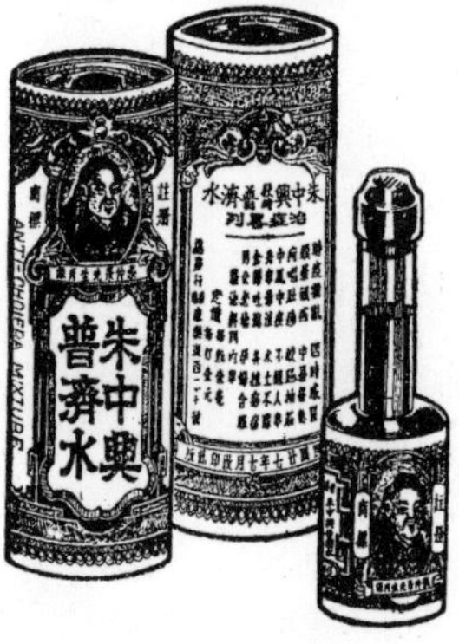

改換新裝啟事

朱中興救時普濟水行銷已達卅載救急扶危活人何止千萬是故中外人士有口皆碑近查有無恥之徒專製偽藥推銷貽害匪淺本行有見及此特將全部改印新裝各界惠顧務希認明包裝花紋之精美色澤之鮮明藥味之濃厚庶免致誤

省港朱中興藥行謹啓

認此新裝 方可購用

治症略列

四時感冒傷風鼻塞
疴嘔肚痛心胃氣痛
週身困倦中風中暑
頭暈身熱紅白痢症
絞腸痧症照單服用
胸膈飽滯功效如神

▼總發行▲

香港干諾道西二十號朱中興總行
廣州拱日東路廿七號朱中興粵行

此乃舊裝
今已作廢

[GH]CJH

南北美容院	九龍彌敦道六百八十九號	五六九四三
潔室	九龍彌敦道四百三十八號	五八七三七

二十一　藥房

中西大藥房	亞細亞行	二〇三四五
朱中興大藥房	干諾道西二十號	二二四九三
永善藥房	軒鯉詩道八四一號	二五六九六
新世界大藥房	德輔道中一六〇號	二二五八四
安寧大藥房	告羅士打行	二一八七七
屈臣氏大藥房	亞力山打行	二〇〇一六
東亞大藥房	娛樂行	二一二〇〇
柏林大藥房	德輔道中一六一號	二三五四一
郭芝良大藥房	荷里活道一四四號	二七九〇〇
嘉齡大藥房	華人行樓下	二一六一六
羅惠良醫藥局	文咸東街一〇九號	三一九九三

二十二　照相店及照相材料公司

大同照相公司	德輔道中七十八號	
大滬照相公司	德輔道中二十四號	
中華照相館	皇后大道中七十號	二四一一七
百老滙照相公司	皇后大道中八十八號	
光林攝影院	軒鯉詩道十二號	三二一〇〇

名苑影相館	皇后大道中六號四樓	二四三一〇
光藝照相	皇后大道中二百四十二號	二六一一八
李氏冲晒放大專家	德輔道中二十四號	
丰度攝影公司	皇后大道中三十八號	三二一三〇
美璋影相	雪廠街二十三號	二六三七九
飛鷺攝影社	砵典乍街二十五號	二六九七九
荷李活攝影院	德輔道中二十二號	二八七八六
順成公司	德輔道中二十九號	二五八七二
愛雪司攝影院	告羅士打行	三三一八八
翩翩照相	德輔道中七十五號	二二九七五
新老滙照相公司	九龍油蔴地上海街一百九十號	
宏興	德輔道中四十三號	
依爾福	皇后大道中十五至十九號二樓	三三〇六七
美商柯達公司	皇后大道中十五號	二一九三七
萬方影相用品	德輔道中二十六號A	二三四五九

二十三　殯儀館

晏打臣中西喪事辦事所	加路連道二號	三〇六六九
磅郎尊士殯儀公司	摩理臣山道四十五號	二〇四二三

第八編　工廠名錄

中國廠商

一　電手筒類

廠名	地址	出品	商標	電話
嶺南電手燈製造廠	英皇道一百八十七號	電手筒六種	錨牌單馬牌雙馬牌	二六三八七
中南電筒廠	筲箕灣英皇道一百六十五號	電手筒五種	鸚鵡牌	二三三九五
星洲電器製造廠	銅鑼灣屈臣道地段三九六號	電筒數種電珠數種	狗頭牌	二一三八二
明華五金製品廠	筲箕灣道地段三五三八號	電筒六種電芯一種	雙鶴牌天秤牌	二〇九八〇
長安電筒廠	灣仔霎東街二十七號	電筒十餘種電芯數種	火車牌	三一九八二
南盛電筒廠	灣仔耀華街三號	電筒十種	鷗牌佛牌蝴蝶牌	三三六一七
南針製造廠	福華街一三六至一七六號	電筒七種時鐘五種	船牌飛機牌	五六三五七
日昇製造廠	基隆街三百二十號	電筒七種	獅牌蜆殼牌	五六八三六
南京電手筒廠	筲箕灣新邊道七十號	電筒六種	獎杯牌	二三八七七
泰山電筒廠	軒尼詩道三百四十八號	電筒七種	駱駝牌	二七四八二
福華製造廠	地士道街地段五七號A			五八五五三

金華電筒廠	南昌街一八四至一八八號			五九三四二
二　電池類				
眞光製品公司	必發道二十三號A	電池四種電筒數種	眞光帆船蝠鼠大刀航空Trulite六牌	五六九二九
永樂電池公司	駱克道三三四號	電池八種	橋牌雙環牌	二一七六四
保羅電池廠	玻璃街一至三號	電池數種	保羅牌塔牌華廈牌	二七八一九
美利電池廠	橡樹街八十五號	電池四種	紅妹飛手人頭三牌	五八六二六
普照電池廠	深水埗欽州街五十三號	電池數種	梅花三光光榮三牌	五八二四九
威文電池廠	欽州街十五號	電池四種	鷄保路OK城樓四牌	五六五七五
興業電池公司	砵崙街二五二至二六二號			五八三四四
光明電池廠	旺角廣東道八〇五號			
南京電池廠	大南街二六二號			五八六九四
香港電池廠	高士打道二三四號			二八八六二
世界電池廠	海壇街一七〇號			五九四七四
星光電池公司	荔枝角道二十八號			五〇七四七
三　電泡業類				
恒光電泡製造廠	砵崙街三六〇號			五〇一一四
四　機器業類				
藝興機器廠	旺角奶路臣街八號	機器十餘種	藝興二字	五七一五三
五　印鐵製罐業類				

康元製罐有限公司香港分廠	麥維士街三十二號	罐盒蓋牌玩具等百餘種	飯碗牌	二〇三〇四
如英印花鐵製罐廠	軒鯉詩道二八一號			二二四九五
六　鋼窗業類				
大英鋼窗製造廠	灣仔軒鯉詩道三四八號	鋼窗鋼傢私		二七四八二
香港鋼窗製造廠	深水埗福榮街六號			五八六四四
七　風燈業類				
光宇風燈廠	九龍大角咀必發道二十三號	風燈三種	光宇地球牌	五一三八一
八　錳鉛業類				
俊誠錳鉛製造廠	深水埗海壇街一九四號	錳粉三種鉛粉三種	雙箭牌	五八七七九
南華錳鉛製煉廠	大角咀杉樹街三十一號	錳粉鉛粉炭精條	紅獅牌	五六二五〇
九　製銅業類				
中國製銅廠	屈臣道地段三九六號			二六九一六
十　綿織業類				
民元布廠	深水埗長沙灣元洲街四三〇號	麻葛絹紡帆絨各種布	飛剪牌梭子牌	五六五六〇
三光布廠	青山道三七四號	土布百數十種	梅花牌	五六〇七二
有成電機織布廠	元洲街一五七號	麻葛絹紡帆絨各種布	飛馬牌	五六一三三
大中華公司	大道中一三七號	布類數十種	義勇軍十九軍國旗	二四〇一四
中華電機布廠	土瓜灣道地段八十五號	布類百餘種	蜘蛛牌	五九六四〇
有德成布廠	于諾道西四十號	布類百餘種	鷹球牌	二八二七〇

嶺南織造廠	馬頭圍道三百號			五九七四五
國華布廠工廠	譚公道一九三號			五八八〇四
中光布廠	九龍城道一六九號			五六六九七
九江布廠	元洲街一六七號			五六四七三
三達織業廠	荔枝角道三百三十四號			五八七三四
有餘公司	南昌街一七六號			五七四一六
萬昌布廠	九龍城橫街十六號			五〇〇六七
榮泰織布公司	九龍城東頭DG			五〇七九四
興華電機織布廠	基隆街十八號			五八七九七
永豐興布廠	九龍城大街三十四號			
十一　染織業類				
元興電機織染廠	九龍上沙堡八十六號	斜布扣布十磅布等百餘種	雙虎球牌	五七一四六
金和利染廠	西貢道八十五號	斜布扣布等百餘種	雙金魚百合花兩牌	五六九〇〇
週時新織染廠	譚公道一一四號			五七二五〇
十二　線轆業類				
中國線轆公司	深水埗北河街一三二號	線轆線球繡線數十種	雙鎖牌大刀牌	五八九〇〇
十三　鞋帽業類				
中華兄弟製帽公司	九龍英皇子道四〇二號	毡帽十餘種	三獅牌和平牌	五七八五二
加拿大機器製鞋廠	德忌笠鬮十八號	男女革鞋		三三七二三
廣東製帽廠	皇后大道中二二五號	水松帽草帽毡帽	鷹球牌駱駝牌	二三九四〇

中山製帽廠	水渠道十八號	蓪帽羊毛帽草帽毡帽	平等牌	五〇四六三
美和製樽枳白帽公司	軒鯉詩道四〇六號	毡帽水松帽十數種		三二一三九
嶺南帽廠	九如坊二號			三二九一一
東方帽廠	歌賦街十四號			二〇二六三
南華帽廠	安和里十二號			二二五九〇
十四　膠鞋膠布業類				
大行樹膠廠	深水埗欽州街一號	膠鞋數十種	地球牌虎牌	五六〇一五
友利膠布公司	深水埗欽州街一號	雨衣漆布		五六〇一五
香港製造樹膠廠	堅尼地城海傍八號			二一一七三
馮強樹膠製造廠	筲箕灣西大街三號	膠鞋膠鞋數百種	寶塔大象飛馬雄雞"999"五牌	二二九五二
國罣樹膠廠	深圳街地段九五一號			五〇六四四
十五　線衫線襪業類				
棉藝織業公司	大角咀福全街三十二號	線衫線襪背心數十種	鴛鴦富貴福祿壽星足球五牌	五七七四〇
國民內衣製造公司	灣仔勳甯道十三至十五號	西裝襯衫恤衫浴衣領帶	"Men"牌	三二六六五
利民興國織造公司	油麻地西貢街十五號	棉襪線襪絲光襪	狗虎遮妹童獅雙燕水鴨手織帽八牌	五八〇三〇
維新織造廠	銅鑼灣道十九號	線衫衛生衣褲頸巾	金妹馬頭飛鷹飛燕玫瑰花六牌	二一八九六

周藝興織造廠	黑布街四號	線衫數十種	單車三輪獅象三牌	五六五〇七
大興織造公司	紅磡漆咸道二七五號	線衫線襪背心	波羅喜雀雙雀鷹球運動狗虎六牌	五七二二三
超然織造廠	旺角水渠道三十四號	線衫十數種	飛手牌炮牌金鐘牌	五八二九四
全新織造廠	旺角塘尾道二一四號	線衫十數種	555 303 100 77 四牌	五一一八〇
紹興織造廠	油蔴地碧街一號A	線襪毛衫毛背心	共和寶蓋金殿花蝶 213 215 六牌	五七四三二
南華織造廠	旺角山東街	棉紗線襪電光紗襪	泰山鸚鵡雙鸚鵡雄雞金龍蟠桃六牌	五七五九三
星洲織造廠	深水埗福華街一五五號	線衫背心	七星雙象ABC	五八三一一
總統織造廠	長沙灣道二百五十號			五六七四七
藝生織造廠	旺角水渠道四十二號			五八二九五
勵成織造公司	元洲街十八號			五九二九四
中和織業公司	福全街十二號			五六九五六
民業織造公司	元洲街五十號			五八三七六
全德織業公司	福榮街二十九號			五八三一四
同興織造廠	奶路臣街四十二號			五七八二二
安樂織業公司	福榮街三十七號			五九三七五
利工民織造廠	德輔道中二四八號			二四三四六
金龍織造廠	黃竹街三十一號			五一三二五
東亞織造公司	上海街六七二號			五七一〇七

幸福織造公司	基隆街二二六號	五八五〇一
冠華織業公司	花園街一九六號	五八七四四
冠環球織造廠	汝洲街七十五號	五八三〇五
美藝興織造廠	柏樹街二十一號	五八六四〇
紹華紗織廠	荔枝角道三五一號	五七四七二
崇藝織造公司	通菜街五十六號	五六六〇九
棉強織業公司	英皇子道五十一號	五七八〇二
華隆織造公司	元洲街五十四號	五〇七八六
新興織造公司	南昌街二百號	五九〇七八
萬國織造廠	基隆街一百三十二號	五七九八五
精華織造廠	桂林街一三七號	五六四八〇
綸興織造廠	黃竹街六號	五八四六二
嘉綸兄弟織造廠	長沙灣道一四二號	五七一四九
福強織造廠	福華街六十八號	五七九五〇
僑商織造廠	柏樹街十五號	五九〇二六
榮達織業公司	西洋菜街一九二號	五六六五五
榮業織造廠	砵蘭街二七二號	五七一二七
榮藝織造廠	山東街六十九號	五六四九五
緯綸織造廠	醫局街九四至九六號	五七七〇五
龍溪兄弟織造廠	太子道四〇四號	五六四三五
競新織造廠	砵崙街二六八號A	五六四八九

新中國蠶絲織造廠	亞皆老街九十一號			五八九一〇
友聯國產絲襪廠	永渠道三十號			五八九五四
十六　毛織衫褲及線襪業類				
聰成織造廠	長沙灣道二四一號	毛織衫褲襪帽背心頸巾游泳衣線襪	孔明鐮刀織女三牌	五七五一八
十七　毛巾業類				
詠鵬毛巾織造廠	東沙島道一五七號	面巾浴巾枕巾牀布牀墊帳衽門簾	大鵬詠鵬雙欖三牌	五七七二五
十八　手帕業類				
華達男女手帕製造公司	勵寧道二十四號	男女手帕	三羊牌	二八四五七
十九　糖果餅乾業類				
安樂園糖果餅乾廠	銅鑼灣威非路道	餅乾糖果雪糕西餅等百餘種	安樂二字	二六〇三四
中發糖果餅乾廠	軒鯉詩道二一〇號	餅乾糖果數十種		二八八八〇
馬寶山糖菓公司工廠	電器道五十五號			二三三四九
二十　罐頭業類				
大陸罐頭製造廠	銅鑼灣永興街十三號	果類菜類魚類糖類數十種	雙燕牌孫中山牌雞牌	二三二四一
民軒食品公司	跑馬地成和道四十九號	專辦中西罐頭食品		三四三八四
祥發罐頭製造廠	大道西五二八號	植物動物罐頭數十種	船牌肥兒牌冠球牌	三〇四八六
裕全隆罐頭公司	大道西七十五號			二七三五六

廈門淘化大同公司	牛峙灣地段五十三號	瓜菜肉食糖果醬油數十種 白鶴寶塔淘大飛馬四牌	五六五五六

二十一　製麵業類

三民製麵公司	大道西五七〇號		二六〇五二
中國食品公司	大道西九十號		二三三七九
利民製麵公司	大道西五一九號	蝦子麵豉油王肉干	三〇九六〇
國民製麵公司	杜老誌道五號		二三七四〇
裕生製麵公司	廣東道八〇一號		五八八二五

二十二　調味品

天廚味精製造廠香港營業所	莊士敦道五十九號	佛手牌味精	三〇九一五
香港分廠	九龍城道	鼎牌味宗等	
中國化學工業社	乍畏街九十四號	觀音粉	三二二二〇

二十三　凉果糖菓業類

十字頓製造廠	青山道六一〇號	五六〇九五
中華糖薑公司	廣東道海傍地段四十八號	五七三四〇
永隆糖薑廠	登打士街二號	五一二一四
李善記果子廠	荔枝角	五六三五〇
李話梅凉果製造廠	青山道地段二〇九一號	五七六九五
和盛祥果子廠	青山道地段一八九二號	五七六三二
時新糖薑製造廠	福全街二號	五六五四一
廣調安果子廠	青山道	五六七六七
興亞果子製造廠	九龍城外打鼓嶺道	五九八六三

鴻發興山渣製造廠	下沙埔地段七二六號			五六〇五七
濟隆糖薑廠	海壇街二百六十八號			五六七一二
二十四　汽水業類				
安樂汽水有限公司	皇后大道東五十五號A	汽水數十種	獅子騎球牌	二〇七三七
二十五　捲煙業類				
南洋兄弟煙草公司	灣仔道二七一號	捲煙百數十種	交加兩正方形中藏NY兩字母	二〇四八〇
二十六　製茶業類				
華茶公司	砵甸乍街一號B	紅茶青茶綠茶百數十種	嘉禾伴五角星牌	二四六九七
二十七　化粧品業類				
百家利公司製造廠	英皇道地段二四一六號二〇三號	頭面身齒各部粧飾品百餘種	雙環愛蘭氏堪士羅雲得美素霖五牌	二〇七五七
三達製造有限公司	彌敦道六五八號	水霜油膠蜡膏粉梘百餘種	三角形SCW三疊字牌	五七一九七
二天堂工廠	山道一號B	化粧品藥品各數十種	佛牌雙天牌Kismett牌	三〇五六一
先施化粧品公司	堅尼地城爹核士街二號	水霜蕊膏蜡粉及果油百數十種	虎牌	二〇二二九
三鳳粉廠	九龍北帝街一六三號	香粉胭脂唇膏牙粉等	孖金錢牌	五九七八一
廣生行	德輔道中二五〇號			二八〇五一
中國化學工業社	乍畏街九十四號	三星牙膏		三二二二〇
中國化粧品公司	彌敦道五七六號			五九七〇四

南華化粧品公司	駱克道三七〇號			二七八一三

二十八　製梘業類

中山梘廠	橡樹街七十九號			五〇四五四
中華梘廠	爹核士街二十二號			二五一八八
有生梘廠	厚和街四十八號			二三〇八七
兆豐梘廠	永興街五號			三二六八六
合和梘廠	深圳街十八號			五七八七二
昌華梘廠	西灣河街一二二號			三〇四〇五
華生梘廠	荔枝角道三百三十三號			五〇五四五
維白梘廠	永興街三號			二五四九三

二十九　漆油業類

中華製漆有限公司	九龍鵝鸝街一號	漆油	菊花牌	五六八一五
國民製煉漆油有限公司	英皇道七〇四號	厚漆磁漆調合漆噴漆光漆原料油	駱駝牌	三一六〇一

三十　火藥爆竹業類

廣萬隆炮竹工廠	九龍北帝街七十號	爆仗煙花百餘種		五七八四三

三十一　膠木用具業類

寶華實業公司	七姊妹箕灣道三百號	日用器皿電氣用料	物華天寶牌	三四三〇一

三十二　油墨墨汁業類

漢華墨漆有限公司	落山道九號			五八九四六
志賢墨水公司	彌敦道五四四號			五一二八六

三十三　陶業類

青山陶業公司	干諾道中三十二號	紅磚火磚實心磚門面磚瓷磚百餘種	CPC疊字牌青山牌	二一二三一
南華磚瓦公司	德輔道中六號			二八二一二

三十四　玻璃業類

林宏隆玻璃製造廠	皇后大道東一〇九號	磚杯盅金魚缸等	鐘牌	二一四六一
廣泰隆玻璃器皿製造廠	旺角大角咀杉樹街	燈罩水杯金魚缸及瓶樽盅盒等	日映牌	五七九四六
廣興隆玻璃製造廠	大角咀杉樹街地段四十六號	磚盅杯瓶數十種	醒獅牌	五八五六三
協利玻璃廠	筲箕灣大街地段五二五號	各色杯樽瓶及燈罩百餘種	飛機牌	二六二八七

三十五　製革業類

廣南源製皮廠	和興西街十五號	各色皮類數十種	正字牌	二〇六七一
同茂牛皮廠	荷里活道一二〇號			二一九四〇

三十六　皮具業類

南華皮具製造廠	九龍一德道三十四號	喼袋銀包帽盒皮帶軍用品數十種		五七六八〇
榮發皮喼公司	深水埗南昌街一二七號			五九五七四
中華皮喼公司	文咸東街十七號			二二七三三
星洲皮器製品公司	文咸東街三十三號			三三七〇三
碧亞皮革公司	文咸東街二十一號			二三一一三
永昌皮喼廠	莊士敦道一一四號			二五七二四

三十七　印刷業類				
商務印書館香港印刷廠	英皇道	教科書叢書參考書雜誌約一萬種	印字(由CP組合)中嵌商字商標	二四七七七
中華書局印刷所	九龍馬頭角			五九〇二七
永發印務有限公司印刷所	銅鑼灣興發街三號	書籍箋封簿據杯盒日曆等	商標兩種	二一九一〇
三十八　墨汁印字坭業類				
光潤墨汁公司	德輔道西二百號	墨汁六種印字坭兩種	獅牌	二六八八九
三十九　鉛筆業類				
大華鉛筆廠	青山道地段四二〇號			五八七六六
四十　傢具樂器業類				
中華樟木槓傢私公司	莊士敦道二十二號	櫃槓寫字檯等數十種		二五一九七
上海中原鐵槓皮具廠	大道中七十二號			二八六六九
彼得琴行	德輔道中三十號	鋼琴無線電機唱機	總統牌	三一五九一
曾福洋琴行	英皇道地段二千八百四十五號			二二一二七
四十一　牙籤業類				
華南牙籤製造廠	福榮街二百一十四號	牙籤四種	星牌地球牌	五六九五五
中華牙籤製造廠	高陞街八十四號			二六八〇七
四十二　軟木塞業類				

美和製樽枳白帽公司	軒鯉詩道四〇六號	水松樽枳木片帽胎雪櫃木等		二三一三九

四十三　蚊香業類

大安製造有限公司	興隆街四十號	蚊香兩種	猴子牌靈神牌狗牌	二〇三〇二
中國化學工業社	乍畏街九十四號	三星牌蚊香		三二二二〇
保血公司	德輔道西十七號	蚊香三種木虱藥一種	金魚多蝠飛鷹三牌	二五五三六
同濟公司	文咸東街二十四號	蚊香四種藥品三種	雙燕牌同濟牌	三三九八八
麗榮公司工場	旺角槐樹街十三號	蚊香兩種木虱藥一種	蛇牌帆船牌鷄婆牌	五六三六一
多寶公司	英皇子道四〇四號			五九九〇二

外國廠商

名稱	地址	電話
太古船塢公司	鰂魚涌	三〇二一一
太古糖房	鰂魚涌	二〇六四七
青州英坭公司	交易行	二一四六三
香港蔴纜廠	德輔道中十號東亞銀行屋宇	二七七八一

第九編　粵語摘要

粵語音雖稍異，而語文多與國語相同，有心研究，並不難學，祇要將其中習慣語與國語差異處熟習，其他略一變音，便成粵語，竊以爲學習粵語無有再易於此者。市上有售學習粵語專書，本篇未便盡錄。茲將特殊粵語摘要下註英文拼音，以便自己學習，並附國語註釋。

粵語	英文註音	國語
我哋	nge de	我們
你哋	ne de	你們
佢哋	kwe de	他們
我嘅	nge ga	我的
你嘅	ne ga	你的
佢嘅	kwe ga	他的
人嘅	yen ga	別人的
唐人	tong yen	中國人
西人	sai yen	外國人
番鬼	farn kwei	外國人
呢個	nee gor	這個

粵語	英文註音	國語
個個	gor gor	個個
一個	yut gor	一個
個的	gor de	那些
乜野	mut ya	甚麼
做乜	jot mut	爲甚麼
睇	tay	看
睇書	tay shu	看書
俾	ba	給
唔俾	mg ba	不給
俾我	ba nge	給我
擰	nien	拿

嚟	lai	來
去	hue	去
邊處	bien she	那兒
講野	gon yea	說話
米講	mai gon	別說
去邊處	hue bien she	上那兒
唔去	mg hue	不去
米去	mai hue	別走
係處	hai she	在
唔係處	mg hai she	不在
撵水	nien sui	拿水
冲涼	chung liang	洗澡
洗面	sai mien	洗臉
唔曉	mg hui	不曉
唔知	mg ge	不知
幾多	gee dor	幾何
幾好	gee ho	很好
起身	hey sun	動身
行開	han hoy	走開
行嚟	han lai	走來
企起	kai hee	站起

落去	lok hui	下去
落嚟	lok lai	下來
話落	wa lok	交帶
落手	lok shou	起首
唔使	mg sai	不用
使佢	sai kwe	使他
食野	sie ya	吃東西
好食	ho sie	好吃
有	yio	有
冇	mo	無
左邊	jo bien	左面
右邊	yua bien	右面
出街	chit gui	出門
入嚟	yap lai	進來
都係	do hai	都是
都好	do ho	也好
眼瞓	ngan fun	眼倦
瞓教	fun gou	瞓覺
點做	dim jo	怎樣做
點知	dim ge	那知到
快啲	fai de	快一點

冇銀	mo ngan	沒有銀
好平	ho pien	很便宜
好貴	ho kwei	很貴
一陣間	yut jan gwang	一下子
呢陣	ne jan	這時候
聽朝	ting jo	明早
出年	chu nien	明年
先個月	sin go ngieh	前個月
呢個月	ne go ngieh	這個月
咁好	gum ho	這樣好
咁大	gum dai	這樣大
咁快	gum fy	這樣快
咁耐	gum noi	這樣久
㩒㩒	gwam gwam	剛剛
咁㩒	gum gwam	剛巧
價錢唔㩒	gar chien mg gwam	價錢不對
舖頭	po tao	店舖
汚糟	woo jo	骯髒
唔好意思	mg ho yee si	不好意思
去咗	hui jo	去了
食咗	shek jo	食了
噲做	woi joo	會做
唔噲	mg woi	不會
隔籬	ga lai	隔壁
中意	chung e	合意
共埋	gon miey	合共
做晒	jo sai	做完
食晒	sie sai	吃完
煲野	bo ya	燉東西
焗野	goc ya	燜東西
煮飯	tsu fan	燒飯
度野	doc ya	量東西
度下幾大	doi ha gee dai	量量多大
搬野	boon ya	搬東西
搬屋	boon ngoc	搬房子
拉扯	li chei	大概
番歸	farn kwei	回家
番去	farn hue	回去
打爛	da lan	打破
冷親	lang chen	涼著
擺臺	by toi	鋪臺
明日	min yat	明天

毡帽	jin mo	銅盤帽
嚤囉差	mor lor char	印捕
傾偈	king gai	談天
猪脷	che lee	猪舌
細蚊仔	sai mun jai	小孩
細老哥	sai lo gor	小孩
女仔	nu jai	女孩
侍仔	se jai	西崽
發夢	fat moun	做夢
滾水	gwah suh	開水
妾侍	chip see	小老婆
老豆	lo dow	爸爸
伯爺公	bard ya kung	老頭子
伯爺婆	bard ya por	老太婆
事頭	she tao	老闆
老扦	ro chien	賭棍
爛仔	lan chey	流氓
地痞	de mou	混混
小摸	shu mor	小竊
乞兒	hud yee	叫化子
寫字樓	shie tse lou	辦事處
西餐	sai tjan	大菜
花旗	fa kef	美國
紅毛	hung mo	英國
肥	fei	胖
講大話	gon dai wa	瞎說
影畫	yen wa	電影
映相	yen shon	照相
花樽	fa jun	花瓶
椀	wun	椀
碟	dieb	碟
抽油	chou yoeu	醬油
大褸	dai lou	大衣
進教	jun gow	吃教
火水	for sei	煤油
升降機	sing gong gay	電梯
紅毛坭	hung mo nei	洋灰
絲髮	si fat	綢緞
拜山	by shan	上墳
冷線	lian sin	絨線
恤衫	shirt sam	襯衫
笠衫	lup sam	線衫

遮	ja	傘
雪膏	sheh go	冰淇淋
痾尿	or ngu	出尿
痾屎	or si	出恭
刀仔	dow ja	小刀
煙仔	yin ja	捲烟
火柴	for cha	洋火
番梘	farn garn	肥皂
白欖	ba liarm	青果
芋頭	woo toa	芋
柑	guam	橘子
喼袋	gib doy	皮箱
烏蠅	woo yen	蒼蠅
後生	how san	當差
火頭	for tao	廚子
老舉	lo geu	妓婦
車貨	char for	私娼
西紙	sai ge	香港鈔票
毫子	ho ge	角子
仙士	sin she	銅子
使婆	sae por	娘姨

狀師	jong she	律師
行街	han gya	溜街
電油	ding ygu	汽油
偈油	gay ygu	機油
的士	texi	計程汽車
巴士	bus	公共汽車
電船	dind sheun	汽船
飲茶	yem cha	喝茶
馬啼	ma ti	荸薺
買餸	my sung	買小菜
街市	gya shi	菜場
士擔	stamp	郵票
書信館	shu sung gwan	郵政局
大館	dai gwan	捕房
綠衣	luk ye	警察
車仔	char gia	黃包車
手巾	sho gun	手絹
交剪	gug gin	剪刀
印水紙	yan shui ge	吸墨紙
遊車河	yoo che hor	汽車兜風
上高樓	seung go rou	上菜館

鬼馬	kwei ma	滑頭
鬼五馬六	kwei ng ma lok	鬼頭鬼腦
大鄉里	dai heung li	壽頭
唔該	ng goy	謝謝
點係	dim hai	不敢當
冇行	mo hong	沒希望
幫襯	bon chun	光顧
睇來湊	tai lay choo	瞧着辦
麻麻地	ma ma di	還好
求其	kow ke	隨便
未有來	mei yoo loy	差得遠
而今	yee gum	現在
燕梳	insure	保險
關口	kwan hoo	海關
含罷爛	hum ba lan	總共

商務印書館印行

香港指南初版

廣告戶索引

（以首字筆劃多少爲序）

[GH]5-27

陳公哲先生編著

將次出版書籍預告

一　**實用電符**　三字英文字母電報本，代表一漢字或字句，可省電費數倍，爲廿六年出版物，因戰事被燬，在重排中。

二　**行草集成**　分部首與基字二卷，共三千五百字，而能集成二十五萬個不同之字樣。以此學書，三月可以通草，一年可以精草，並可免除錯誤，在候印中。

三　**行草書例**　統集草書形像、結構、筆法，而以科學邏輯方法比較統計，然後定爲例言，得二十章，二百五十餘例，八百餘條引證，爲草書之成文法，在候印中。

四　**龔璛七賢詩墨蹟**　元龔子敬墨蹟世不多見，此本筆法遒勁妍麗，與趙子昂鮮于樞相埒，金屬版印，在印刷中。

五　**趙子昂二札墨蹟**　較故宮所藏更爲精采，金屬版印，在印刷中。

六　**晳本月儀帖**　白底黑字擴大本，金屬版印，在候印中。

七　**晳本急就章**　白底黑字本，金屬版印，在印刷中。

八　**晳本出師頌**　擴大清晰本，金屬版印，在候印中。

九　**章草彙**　在編輯中。

十　**行書統範**　專集晉、隋、唐、宋、元、明諸名家墨蹟，可作模範字帖，可作行書彙，一書勝百帖，在編輯中。

十一　**草書統範**　草書名蹟盡羅於此，在編輯中。

陳公哲先生精研書法著述宏富特爲介紹並代訂潤例如左

葉恭綽
鄭洪年　代訂

對聯屏條　三尺四元　四尺六元

扇面冊葉　每件三元

收件處

廣東　博雅齋　漢民北路一五七號

香港　集大莊　皇后大道中二五四號

　　　新新書局　灣仔軒鯉詩道二六一號

上海　九華堂寶記　河南路

第十編　香港街道中西譯名表

香港域多利城街道

Aberdeen Street	鴨巴甸街
A Chung's Lane	亞松里
Albany Lane	亞彬彌里
Albany Road	亞彬彌道
Albert Road, Lower	下亞厘畢道
Albert Road, Upper	上亞厘畢道
Algar Court	亞厘架巷
Alveston Terrace	亞威士頓台
Amoy Street	廈門街
Anton Street	晏頓街
Arbuthnot Road	亞畢諾道
Arsenal Street	軍器廠街
Babington Path	巴丙頓道
Basilea	巴色里
Battery Path	炮台道
Bayview Mansions	灣景樓（非街名）
Beach Street	必治街
Belcher's Bay	西灣
Belcher's Street	卑路乍街
Blacksmith's Lane	打鐵巷
Bonham Road	文咸道
Bonham Strand	文咸東街
Bonham Strand West	文咸西街
Borrett Road	波老道
Boundary Path	包打梨路
Bowen Road	寶雲道

Bowrington Road	寶靈頓道
Breezy Path	卑利士道
Brewin Path	蒲魯賢徑
Bridges Street	必列者士街
Bullock Lane	普樂里
Burd Street	畢街
Burrows Street	巴路士街
Cadagan Street	加多近街
Caine Lane	堅巷
Caine Road	堅道
Calder Path	歌老打路
Canal Road East	堅拿道東
Canal Road West	堅拿道西
Caroline Hill Road	加路連山道
Caroline Road	加路連道
Castle Road	衞城道
Castle Steps	衞城坊
Catchick Street	吉席街
Causeway Road	高士威道
Centre Street	正街
Century Crescent	在墅尼地道
Chancery Lane	薔沙厘巷
Chan Tong Lane	陳東里
Chater Road	遮打道
Chatham Path	漆咸徑
Chee (or Tze) Tung Lane	紫桐里
Cheuk On Lane	竹安里
Cheung Hing Street	長興街
Cheung Kan Lane	長庚里
Cheung On Lane	長安里
Chico Terrace	知高台

Chinese Street	中國街
Ching Lin Terrace	青蓮台
Chi Shing Lane	置成里
Chiu Kwong St. or French St.	朝光街
Chiu Lung Street	昭隆街
Chuk Hing Lane	竹興里
Chuk Kui Terrace	竹居台
Chuk Lin Lane	竹連里
Chung Ching Street	忠正街
Chung Wo Lane	忠和里
Chun Sing Street	晉成街
Circular Pathway	弓弦巷
Clarence Terrace	加刺連士台
Cleverly Street	急庇利街
Clovelly Path	高化利徑
Club Street	會所街
Cochrane Street	閣麟街
College View	育才坊
Collinson Street	歌連臣街
Conduit Road	干讀道
Connaught Road Central	干諾道(或康樂道)中
Connaught Road West	干諾道西
Coronation Terrace	加冕台
Cotton Path	棉花路
Cross Lane	交加里
Cross Street	交加街
D'Aguilar Street	德忌笠街
David Lane	爹核里
Davis Street	爹核士街
Des Voeux Road Central	德輔道中
Des Voeux Road West	德輔道西

Douglas Lane	德忌利士巷
Douglas Street	德忌利士街
Duddell Street	都爹利街
East Point	渣甸倉
East Point Hill	東邊山
Eastern Hospital Road	東院道
Eastern Street	東邊街
Electric Street	電氣街
Elgin Street	伊利近街
Elliot-Crescent	在羅便臣道
Ewo Hill Street	怡和山街
Excelsior Terrace	妙高台
Ezra's Lane	伊士刺里
Fat Hing Street	發興街
Fenwick Street	分域街
First Street	第一街
Fleming Road	非林明道
Forbes Street	科士街
French Street	朝光街
Fuk Hing Lane	福興里
Fuk Luk Lane	福祿里
Fuk On Lane	福安里
Fuk Sau Lane	福壽里
Fung Un Street	逢源街
Fung Wong Terrace	鳳凰台
Gage Street	結志街
Gap Road	灣仔峽道
Garden Road	花園道
George's Lane	佐治里
Gilman's Bazaar	機利文新街
Gilman Street	機利文街

Glenealy	忌連拿利
Gloucester Road	高士打道
Gough Street	歌賦街
Graham Street	嘉咸街
Great George Street	記利佐治街
Gresson Street	顧利臣街
Gutzlaff Street	吉士笠街
Hatton Road	克頓道
Hau Fung Lane	厚豐里
Hau Wo Street	厚和街
Haven Street	希雲街
Heard Street	克街
Hee Wong Terrace	羲皇台
Hennessy Road	軒尼士道
Heung Hing Lane	香馨巷
High Street	高街
Hill Road	山道
Hillier Street	禧利街
Hill Side Terrace	山邊臺
Hing Hon Road	興漢道
Hing Lung Lane East	興隆東街
Hing Lung Lane West	興隆西街
Hing Lung Street	興隆街
Hing Wan Street	慶雲街
Hoi Ping Road	開平道
Hok Ling Terrace	鶴齡台
Hok Sz Terrace	學士台
Ho Kwok Lane	何郭里
Holland Street	荷蘭街
Hollywood Road	荷里活道
Holy Infant Lane	聖嬰孩里

Hospital Road	醫院道
Hysan Avenue	希愼道
Ice House Street	雪廠街
In Ku Lane	賢居里
In Mi Lane	賢美里
Irving Street	伊榮街
Jackson Road	昃臣街
Jaffé Road	謝斐道
Jardine's Bazaar	渣甸街
Jervois Street	乍畏街
Johnston Road	莊士敦道
Jubilee Street	租庇利街
Kai Un Lane	溪源里
Kat Cheong Lane	吉祥里
Kat On Street	吉安街
Kau U Fong (North)	九如坊北
Kau U Fong	九如坊
Kau U Fong (West)	九如坊西
Kee Cheong Street	旗昌街
Kennedy Road	堅彌地道
Kennedy Street	堅彌地街
Kennedy Town, New Preya	堅彌地城新海旁
Kennedy Town, Praga	堅彌地城海旁
Keswick Street	奇士域街
Ki Ling Lane	奇靈里
King Sing Street	景星街
Kin Hang Terrace	乾亨台
Kin Sau Lane	乾秀里
Kom U Street	甘雨街
Ko Shing Street	高陞街
Kotewall Road	旭龢道

Kui In Fong	居賢坊
Kui Yan Lane	居仁里
Kung Ho Terrace	共好台
Kwai Houng Street	桂香街
Kwai Wa Lane	貴華里
Kwan Yick Street	均益街
Kwok Hing Lane	郭興里
Kwong Fung Lane	廣豐里
Kwong Fung Terrace	廣豐台
Kwong Hon Terrace	光漢台
Kwong Ming Street	光明街
Kwong Yik Lane	廣益里
Kwong Yuen Street East	廣源東街
Kwong Yuen Street West	廣源西街
Ladder Street	樓梯街
Ladder Street Terrace	樓梯台
Lai On Lane	荔安里
Lamont's Lane	林文巷
Landale Street	囒杜街
Lan Kwai Fong	蘭桂坊
Lascar Row, Lower	摩羅下街
Laicar Row, Upper	摩羅上街
Lee Tung Street	利東街
Leighton Hill Road	禮頓山道
Leong Fee Terrace	梁輝台
Leung I Fong	兩儀坊
Leung Wa Tai Lane	梁華泰里
Li Chit Street	李捷街
Li Po Lung Path	李寶龍路
Li Po Lung Terrace	李保龍台
Li Sing Street	李陞街

Li Yuen Street East	利源東街
Li Yuen Street West	利源西街
Link Road	連合道
Lockhart Road	駱客道
Lok Hing Lane	樂慶里
Lower Albert Road	下亞厘畢道
Lower Luscar Row	摩羅下街
Luard Road	盧雅道
Lun Fat Street	聯發街
Lung On Street	隆安街
Lyndhurst Terrace	擺花街
Lyttelton Road	列堤頓道
Macdonnall Road	麥當拿道
McGregor Street	麥加力歌街
Magazine Gap Road	馬已仙山峽道
Mallory Street	茂蘿街
Man Hing Lane	文興里
Man Ming Lane	文明里
Man Wa Lane	文華里
Marsh Road	馬士道
Mason's Lane	美臣里
Matheson Street	勿地臣街
May Road	梅道
Mee Lun Street	美輪街
Mercer Street	孖沙街
Ming Yan Lane	明仁里
Miu Kung Terrace	妙鏡台
Monmouth Path	捫茂扶路
Moon Street	月街
Moreton Terrace	摩頓台
Morrison Hill Road	摩理臣山道

Morrison Street	摩理臣街
Mosque Junction	摩羅廟交街
Mosque Street	摩羅廟街
Mosque Terrace	摩羅廟台
Mount Shadwell	薛威厘山
Mui Fong Street	梅芳街
Murray Road	美利道
New Market Street	新街市街
New Praya, Kennedy Town	堅彌地城新海旁
New Street	新街
Ng Fuk Lane	五福里
Ng Kwai Fong	五桂坊
North Street	北街
O'Brien Road	柯擺連道
Oaklands Path	屋蘭士路
Old Bailey Street	澳老卑利街
On Hing Terrace	安慶台
On Lok Lane	安樂里
On Lan Street	安蘭街
On Ning Lane	安寧里
On Tai Street	安泰街
On Wai Lane	安懷里
On Wo Lane	安和里
Pak Tsz Lane	百子里
Pan Kwai Lane	攀桂里
Park Road	柏道
Peak Road	山頂道
Pedder Street	必打街
Peel Street	卑利街
Pennington Street	邊寧頓街
Percival Street	波斯富街

Ping On Lane	平安里
Ping On Lane	平安里
Po Hing Fong	普慶坊
Po Shan Road	寶珊道
Pakfulam Conduit Road	干讀道
Pakfulam Road	撲扶林道
Possession Street	水坑口街
Pottinger Street	砵碘乍街
Pottuck Street	保德街
Pound Lane	磅巷
Po Wa Street	寶華街
Po Yan Street	普仁街
Po Yee Street	普義街
Po Yuen Lane	普源里
Praya Kennedy Town	堅彌地城海旁
Prince's Terrace	太子台
Prospect Place	光景台
Queen's Gardens	皇后花園
Queen's Road Central	皇后大道中
Queen's Road East	皇后大道東
Queen's Road West	皇后大道西
Queen Street	皇后街
Queen Victoria Street	域多利皇后街
Rednaxela Terrace	列拿士地台
Remedios Terrace	廉未地士台
Reincεker Street	在梅芳街
Ripon Terrace	列盤台
Robinson Road	羅便臣道
Rock Hill Street	石山街
Rock Lane	石巷
Rose Lane	玫瑰里

Royario Street	老沙路街
Rumsey Strèet	欖士街
Russell Street	剌士利街
Rutter Lane	律打里
Rutter Street	律打街
Rutter Street Upper	律打上街
St. Francis Street	聖佛蘭士街
St. Francis Yard	聖佛蘭士也
St. John's Place	聖若翰地
St. Stephen's Lane	聖士提反里
Sai Hing Lane	西興里
Sai On Lane	西安里
Sai Street	西街
Sai Wa Lane	西華里
Sai Woo Lane	西湖里
Sai Yuen Lane	西源里
Salt Fish Street	鹹魚街
Sam Ka Lane	三家里
Sam Pan Street	三板街
Sam To Lane	三多里
Sands Street	山市街
Sau Wa Fong	秀華坊
Schooner Street	捷船街
Second Street	第二街
Seymour Road	西摩道
Seymour Terrace	西摩台
Shan Pin Lane	山邊里
Sharp Street East	霎東街
Sharp Street West	霎西街
Shek Chan Lane, or Stone Go-down Lane	石棧里

Shek Kai Lane	石溪里
Shelley Street	舍利街
Sheung Fung Lane	常豐里
Shin Hing Street	善慶街
Shing Hing Lane	成慶里
Shing Wong Street	城皇街
Ship Street	船街
Siu Cheung Fong	兆祥坊
Smithfield	士美非路
South Lane	南里
Spring Garden Lane	春園里
Square Street	四方街
Stanley Street	士丹利街
Star Street	星街
Station Street, Upper	差館上街
Staunton Street	士丹頓街
Staveley Street	士他花利街
Stewart Road	史多或道
Stonecutters Lane, or Ping On Lane	平安里
Stone Godown Lane	石棧里
Stone Nullah Street	石水渠街
Stubbs Road	司徒拔道
Siu Cheung Lane	瑞祥里
Siu Wah Terrace	萃華坊
Sugar Street	糖街
Sung Hing Lane	崇慶里
Sun Street	日街
Sun Wui Road	新會路
Sutherland Street	修打蘭街
Swatow Street	汕頭街

Ta Tit Hong	打鐵巷
Tai Loi Lane	泰來里
Tai On Terrace	大安台
Tai Pak Terrace	太白台
Tai Ping Shan Street	太平山街
Tai Wong Street East	大王東街
Tai Wong Street West	大王西街
Tai Wo Street	太和街
Tai Yuen Street	太原街
Tak Sing Lane	德星里
Tam Lane	譚里
Tang Lung Street	登龍街
Tank Lane	水池巷
Theatre Lane	戲院里
The Old Bailey	澳老卑利街
Third Street	第三街
Thomson Road	譚臣道
Tien Poa Street	天寶街
Tik Lung Lane	廸龍里
Tin Lok Lane	天樂里
Tit Hong Lane	鐵行里
Togo Terrace	度高台
To Li Terrace	桃李台
Tounochy Road	東老誌道
Torsiem Street	在桂秀街
Trainway Path	火車路
Tregunter Path	地利根德道
Triangle Street	三角街
Tsing Kai Lane	清溪里
Tsui In Lane	聚賢里
Tsui Lung Lane	聚龍里

Tsui On Lane	聚安里
Tsung San Lane East	松秀東街
Tsung San Lane West	松秀西街
Tsun Wing Lane	俊榮里
Tse Mi Alley	紫微街
Tse Tung Lane	紫桐里
Tung Hing Lane	東興里
Tung Loi Lane	東來里
Tung Lo Wan Road	銅鑼灣道
Tung Man Street	同文街
Tung Shing Lane	東成里
Tung Street	東街
Tung Tak Lane	同德里
Tung Wa Lane	東華里
Tun Wo Lane	敦和里
U Hing Lane	餘慶里
Ui On Lane	匯安里
U Lam Terrace	裕林台
U Lok Lane	餘樂里
Un Fuk Lane (or Fuk Shing Lane)	元福里（或福星里）
Un On Lane East	元安里東
Un On Lane West	元安里西
Un Shing Lane	元勝里
Un Wo Lane	元和里
U Po Lane East	餘步里東
U Po Lane West	餘步里西
Upper Albert Road	上亞畢厘道
Upper Lascar Row	摩羅上街
Upper Rutter Street	律打上街
Upper Station Street	差館上街

U Yam Lane	餘蔭里
Wa Hing Lane	華興里
Wa In Fong East	華賢坊東
Wa In Fong West	華賢坊西
Wa Lane	華里
Wa Ning Lane	華寧里
Wa On Lane	華安里
Wai San Lane	維新里
Wai Tak Lane	懷德里
Wanchai Gap Road	灣仔峽道
Wanchai Road	灣仔道
Wardley Street	獲利街
Water Lane	水巷
Water Street	水街
Wellington Street	威靈頓街
West End Terrace	西尾台
Western Street	西邊街
West Terrace	西台
West Villas	西屋宇
Whitty Street	屈地街
Wilmer Street	威利蔴街
Wing Fung Lane West	永豐西街
Wing Funk Street	永豐街
Wing Kut Street	永吉街
Wing Lee Street	永利街
Wing Lok Lane	永樂里
Wing Lok Street	永樂街
Wing On Street	永安街
Wing Sing Street	永勝街
Wing Wah Lane	榮華里
Wing Wo Road	永和道

Wing Wo Street	永和街
Wo Fung Street	和風街
Woodlands Terrace	活蘭士台
Woo Hop Street	和合街
Wo On Lane	和安里
Wood Road	活道
Wongneichong Road	黃泥涌道
Wyndham Street	雲咸街
Yan Shau Lane	仁壽里
Yan Wo Lane	人和里
Yat Fu Lane	日富里
Yau Yee Lane	由義里
Yee Wo Street	怡和街
Yen Wah Terrace	賢華台
Yeung Lok Street	洋樂街
Yim Fong Lane	染房里
Ying Fai Terrace	英輝台
Ying Wa Terrace	英華台
Yiu Wa Street	耀華街
Yuk Choi Fong	育才坊
Yuk Ming Street	毓明街
Yuk Sau Lane	毓秀里
Zetland Street	泄蘭街

The Hill District 山頂街道

Aberdeen Road	押巴甸新道
Barker Road	白加道
Bluff Path	布剌符路
Cameron Villas	今蘼連屋宇

Chamberlain Road	湛巴連道
Coombe Road	甘道
Craigmin Road	Now Stubbo Road
Des Voeux Villas	德輔屋宇
Findlay Path	芬梨徑
Findlay Road	芬梨道
Gough Hill	歌賦山
Gough Hill Road	歌賦山道
Gough Ridge	(歌賦山道)
Hospital Path	醫院徑
Lloyd Path	雷丹爾徑
Lugard Road	盧吉道
Lugard Road Extension	盧吉道　新闢段
Magazine Gap Road	馬己仙山峽道
Middle Gap Road	中峽道
Mount Cameron Road	金馬麟山道
Mountain View	山景
Mount Kellett Road	加列山道
Mount Parker	柏加山
Peak Road	山頂道
Plantation Road	種植道
Plunkett's Road	賓吉道
Severn Road	施勳道
Stewart Terrace	十間
Stubbs Road	司徒拔道
Broadwood Road	樂活道
Ventris Road	雲地利道
Beach Road	海灘道
Big Wave Bay Road	大浪灣道
Cape D'Aguilar Road	鶴咀道
Deep Water Bay Road	深水灣道

Island Road	香島道
Repulse Bay Road	淺水灣道
Shek O Road	石澳道
South Bay Road	南灣道
Shouson Hill Road	壽臣山道
Stanley Beach Road	赤柱灘道
Stanley Village Road	赤柱村道
Tung Tau Wan Road	東頭灣道
Wong Chuk Hang Path	黃竹坑徑
Wong Ma Kok Road	黃蔴角道
Wongneichong Gap Road	黃泥涌峽道

Wongneichong 黃坭涌街道

Blue Pool Road	藍塘道
Cheong Ming Street	昌明街
Chun Shing Street	春勝街
King Kwong Street	景光街
Kwai Fong Street	桂芳街
Lun Hing Street	聯興街
Man Chung Terrace	萬松芳
Min Fat Street	綿發街
Min Hing Street	梅馨街
Po Shin Street	普善街
Shan Kwong Road	山光道
Shing Ping Street	昇平街
Sing Woo Road	成和路
Tsap Tseung Street	集祥街
Tsoi Tak Street	載德街
Tsui Man Street	聚文街
Tsun Yuen Street	晉源街

Village Road	山村道
Wang Tak Street	宏德街
Yik Yam Street	奕蔭街
Yuen Yuen Street	源遠街
Yuk Sau Street	毓秀街

Tai Hang District 大坑村街道

Tai Hang (New Portion)	大坑
Dragon Road	黃龍道
Dragon Terrace	金龍台
First Lane	第一巷
Front Row	馬球場
Fuk Kwan Avenue	福羣道
Illumination Terrace	光明台
Jones Street	重士街
King Street	京街
Li Kwan Avenue	利羣道
Lily Street	蓮花街
Lin Fa Kung Street East	蓮花宮東街
Lin Fa Kung Street West	蓮花宮西街
Perfection Place	十全台
School Street	書館街
Second Lane	第二巷
Shepherd Street	施弼街
Tai Hang Road	大坑道
Third Lane	第三巷
Warren Street	華倫街
Wun Sha Street	浣沙街
Yik Kwan Avenue	益羣道
San Tsun, or Tai Hang	新村或大坑

Tin Han Temple Road	天后廟道
Tung Lo Wan Road	銅鑼灣道

King's Road District 英皇道(即筲箕灣)街道

Boat Street	艇街
Cheung Hong Street	長康街
Cheung Sing Street	長勝街
Ch'un Yeung Street	春秧街
Electric Road	電氣道
Fort Street	堡壘街
Fuk Yuen Street	福元街
Glass Street	玻璃街
Gordon Road	歌頓道
Hing Fat Street	興發街
Kam Hong Street	琴行街
Java Road	爪哇路
King Ming Road	景明道
King's Road	英皇道
Lau Li Street	琉璃街
Lau Sin Street	留仙街
Marble Road	馬寶道
Ming Yuen Western Street	名園西邊街
Ngan Mok Street	銀幕街
North Point Road	北角路
North View Street	北景街
Cil Street	油街
Power Street	大強街
Shaukiwan Road	筲箕灣道
Shu Kuk Street	書局街
Tong Shui Road	糖水路

Tsing Fung Street	清風街
Watson Road	屈臣道
Whitfield Road	威非路道
Wing Hing Street	永興街
Yacht Street	帆船街

Quarry Bay District 鰂魚涌街道

Braemar Terrace	
East Street	東街
Mount Parker Road	
Murray Place	美利里
Quarry Bay	鰂魚涌
Tai Cheong Street	太祥街
Tai Foo Street	太富街
Tai Hong Street	太康街
Tai Ning Street	太寧街
Tai On Street	太安街
West Street	西街

Saiwanho 西灣河街道

Main Street	大街
Sai Wan Ho Street	西灣河街
Shing On Street	成安街
Tai Shek Street	大石街

Shaukiwan West 筲箕灣西街道

Main Street	大街
Aldrich Street	愛秩序街
Church Street	教堂街
Factory Street	工廠街

Hing Man Street	興民街
Hoi An Street	海晏街
Hoi Chin Street	海潮街
Hoi Foo Street	海富街
Hoi Keung Street	海強街
Hoi Ning Street	海寧街
Holy Cross Path	聖十字路
Lam On Fong	林安坊
Nam On Street	南安街
Praya	海旁
Sai Wan Ho Street	西灣河街
Shing On Street	成安街

Shaukiwan East 筲箕灣東街道

Aldrich Street	愛秩序街
Factory Street	工廠街
Kam Wa Street	金華街
Main Street	大街
Mong Lung Street	望隆街
Shan Pin Terrace	山邊台
Tai Tak Street	大德街
Tai Wong Lane	大王里
Temple Street	廟街
Tung Hing Lane	同慶里
Sai Yun Lane	西元里
To Wan Lane	道雲里
Keng Shan Lane	瓊山里
Yuen Hing Lane	元慶里
Ming Un Lane	明元里
At Ah Kung Ngam	

Pokfulam District 薄扶林道街道

Mount Davis Road	摩星嶺道
Pokfulam Reservoir Road	撲扶林水塘道
Pokfulam Road	撲扶林道
Sassoon Road	沙宣道
Victoria Road	域多利道
Aberdeen	石排灣

On the Reclamation

Wu Pak Street	湖北街
Wu Nam Street	湖南街
Tung Sing Road	東勝道
Sai On Street	西安街

Aplichau 鴨脷洲(即香港仔)街道

Ho King Street	好景街
Hung Shing Street	洪聖街
Main Street	大街
Ping Lan Street	平瀾街
San Shi Street	新市街
Shan Ming Street	山明街
Shui San Street	水秀街
Wai Fung Street	惠風街

Kowloon (Ceded Territory) 九龍街道

Anchor Street	晏架街
Anhui Street	安徽街
Antrim Villas	
Armend Buildings	(在金巴利道)
Argyle Street	亞皆老街

Arran Street	鴉蘭街
Arthur Street	鴉打街
Ash Street	槐樹街
Ashley Road	亞士厘道
Austin Avenue	柯士甸路
Austin Road	柯士甸道
Bailey Street	庇利街
Baker Street	鄉嘉街
Banoo Building	(在漢口道)
Barrow Terrace	巴老台
Battery Street	炮台街
Bay View	海灣景
Bedford Road	必發道
Beech Street	櫸樹街
Belfran Road	把芬道
Blenheim Avenue	白蘭軒道
Boundary Street	界限街
Bowring Street	寶靈街
Braga Circuit	布力架道
Bulkeley Street	寶其利街
Bute Street	弼街
Cameron Road	今旑倫道
Cameron Terrace	今旑倫台
Campbell Road	金布道
Canton Road	廣東道
Carnarvon Road	加拿分道
Carnarvon Villas	加拿分屋宇
Cedar Street	柏樹街
Changsha Street	長沙街
Chater Road	(即北京道)
Chatham Road	漆咸道

Cheong Lok Street	長樂街
Cheung Ning Street	長寧街
Ching Lung Street	青龍街
Che Kiang Street	浙江街
Chi Ma Terrace	芝蔴台
Chi Wo Street	志和街
Chunghing Street	重慶街
Clermont Villas	(在尖沙咀漆成道)
Cliff Road	石壁道
Cooke Street	曲街
Cornwall Avenue	康和里
Coronation Road	(今彌敦道)
Cox's Path	覺士徑
Cox's Road	覺士道
Depot Road	車廠道
Des Voeux Road	(今漆成道)
Dock Street	船澳街
Duke Street	公爵街
Dundas Street	登打士街
Dunlar Villas	(在蔴倫道)
Dyer Avenue	戴亞街
Earl Street	百爵街
East Avenue	(Now Hart Avenue)
East Road	(Now Hansi Road)
East Terrace	(Now Cordon Terrace)
Edward Avenue	宜華徑
Eighth Street	(Now Bowring Street.)
Elgin Road	(Now Haiphong Road)
Elm Street	榆樹街
Emma Avenue	豔馬道
Embankment Road	基堤道

Empress Buildings	在龐地道
Fairview	
Fa Yuen Street	花園街
Farm Road	農圃道
Fat Kwong Street	佛光街
Fife Street	快富街
Fifth Street	(Now Nanking Street)
Fir Street	松樹街
First Street	(Now Kansu Street)
Foochow Street	福州街
Forfar Road	科發道
Fourth Street	(Now Ningpo Street)
Fukien Street	福建街
Fuk Shing Lane	(Now Suchow Lane)
Fuk Tsun Street	福全街
Garden Road	(Now Hankow Road)
Gascoigne Road	加士居道
Gillies Avenue	機利士路
Gomes Villas	(在漆咸道)
Gordon Terrace	歌敦台
Granville Villas	加連威老台
Granville Road	加連威老道
Ha Heung Road	下鄉道
Hai Tan Street	海壇街
Haiphong Road	海防道
Hak Po Street	黑布街
Hamilton Street	咸美頓街
Hankow Road	漢口道
Hanoi Road	河內道
Hart Avenue	赫德道
Han Pui Loong Road	靠背壟道

High Street	(今牛莊街)
Hill Street	(今長沙街)
Hill Street	(今天津街)
Hi Lung Lane	熙龍里
Hill Wood Road	山林道
Ho Man Tin Hill Road	何文田山道
Ho Man Tin Hill Street	何文田街
Honan Street	河南街
Hok Yuen Street	鶴園街
Hong Lok Street	康樂街
Humphreys Avenue	堪富利士道
Humphreys Building	堪富利士屋宇
Ichang Street	宜昌街
Ivy Street	埃華街
Jordan Road	佐敦道
Joss Street	佐士街
Julia Avenue	棗梨雅道
Junk Street	唐船街
Kadoorie Avenue	嘉多利道
Kansu Street	甘肅街
Kan Pui Shek Road	較杯石道
Kennedy Street	(今吳松街)
Kianghsi Street	江西街
Kiangsu Street	江蘇街
Ki Lim Street	紀念街
Ki Lung Street	基隆街
Kimberley Road	今巴利道
Kimberley Villas	今巴利屋宇
King's Park Buildings	(在柯士甸道)
King's Terrace	英皇台
Knight Street	勵德街

Knutsford Terrace	諾士佛台
Koo Chick Street	古蹟街
Kowloon City Road	九龍城道
Kremer Street	金馬街
Kun Yam Street	觀音街
Kung Yuen Road	公園道
Kwangsi Street	粵西街
Kwang Tung Street	粵東街
Kweichow Street	貴州街
Kwong Wa Street	廣華街
Kwun Chung Street	官涌街
La Salle Road	喇沙利道
Lai Chi Kok Road	荔枝角道
Larch Street	洋松街
Leven Road	梨雲道
Liberty Avenue	自由道
Lime Street	菩提街
Lo Lung Hang Street	老龍坑街
Lock Road	樂道
Lochiel Terrace	洛喜台
Lok Shan Road	落山道
Louren Villas	(在漆咸道)
Lyeenvoon Villas	鯉魚門屋宇
Macdonnell Road	(Now Canton Road)
Ma Hang Chung Road	馬坑涌道
Main Street	大街
Malacca Street	馬來街
Man Ming Lane	文明里
Maple Street	楓樹街
Market Street	街市街
Market Street	(今蕪湖街)

March Street	孖庶街
Ma Tau Chung Road	碼頭涌道
Ma Tau Kok Road	碼頭角道
Ma Tau Wei Road	碼頭圍道
Mau Lam Street	茂林街
Middle Road	中間道
Min Street	閩街
Minden Avenue	棉登徑
Minden Row	緬甸台
Minden Villas	緬甸屋宇
Mission Road	教會道
Mody Road	麼地道
Mok Cheong Street	木廠街
Mong Kok Road	旺角道
Nam Tau Street	南頭街
Nanking Street	南京街
Nanning Lane	南寧里
Nathan Buildings	
Nathan Road	彌敦道
Nathan Square	彌敦坪
Navy Street	水師街
Nelson Street	奶路臣街
Newchwang Street	牛莊街
Ningpo Street	寧波街
Nullah Road	水渠道
Nullah Street	令山車街
Oak Street	橡樹街
Observatory Road	天文台道
Observatory Villas	天文台屋宇
Oriental Buildings	
Ormsby Terrace	奄士卑台

Ormsby Villas	奄士卑屋宇
Pakhoi Street	北海街
Pak Kung Street	北拱街
Pak Po Street	白布街
Pak Tai Street	北帝街
Parkes Road	白加士道
Pau Chung Street	炮仗街
Peace Avenue	太平道
Peking Road	北京道
Pentland Street	品蘭街
Pilkem Street	庇利金街
Pine Street	杉樹街
Pine Tree Hill Road	松山道
Ping Street	丙街
Pitt Street	碧街
Playing Field Road	運動場道
Poplar Street	白楊街
Portland Street	砵蘭街
Prat Avenue	寶勒巷
Praya	(今重璧街)
President Terrace	
Prince Edward Road	英皇子道
Public Square Street	公衆四方街
Punjab Buildings	品汁屋宇
Quarry Street	石礦街
Reclamation Street	新塡地街
Rose Terrace	玫瑰台
Saifee Terrace	(在彌敦道)
Saigon Street	西貢街
Sai Yee Street	洗衣街
Sai Yeung Choi Street	西洋菜街

Salisbury Avenue	疎利士巴利路
Salisbury Road	疎利士巴利道
San Francisco Path	舊金山徑
San Lan Street	新柳街
San Shan Road	新山道
San Wei Street	新圍街
Shamchun Street	深圳街
Shanghai Street	上海街
Shansi Street	山西街
Shantung Street	山東街
Sheklung Street	石龍街
Shek Tong Street	石塘街
Shek Shan Road	石山道
Sheung Heung Road	上香道
Sheung On Lane	常安里
Ship Lane	船巷
Short Street	述德街
Shui Yuet Kung Road	水月宮道
Shung Yan Road	崇仁道
Sing Ti Street	聖地街
Soores Avenue	梭椏道
Soy Street	豉油街
Station Lane	差館里
Station Street	(今大沽街)
Station Street	(今福州街)
Station Street North	(今上海街及街市街北)
Station Street South	(今上海街及街市街南)
Stirling Road	士他令道
Stockwell Villas	(在巃崙道)
Sung Street	宋街
Sung Wong Toi Road	宋皇台道

Szechuen Street	四川街
Tai Kok Tsui Road	大角咀道
Tai Nan Street	大南街
Tai Street	帝街
Tai Wan Road	大環路
Tak Hing Street	德興街
Tak Shing Street	德成街
Taku Street	大沽街
Tam Kung Road	譚公道
Telegraph Street	電報局街
Temple Street	(今觀音街)
Temple Street	廟街
Thistle Street	地士道街
Tientsin Street	天津街
Tin Kwong Road	天光道
To Kwa Wan Road	土瓜灣道
Tong Mi Road	塘尾道
Torres Buildings	佗利士屋宇
Tsing Chau Street	青州街
Tung Chau Street	通州街
Tung Choi Street	通菜街
Tung Fong Street	東方街
Tung Kun Street	東莞街
Tung On Street	東安街
Valley Road	山谷道
Victory Avenue	勝利道
Wa Fung Street	華豐街
Wai Ching Street	偉晴街
Waterloo Road	窩打老道
West Bund	西濱道
West View Terrace	(在彌敦道)

Wing On Buildings	(在彌敦道)
Wing Sing Lane	永星里
Winslow Street	溫思勞街
Wong King Street	黃麖街
Wong Tai Street	黃帝街
Woosung Street	吳松街
Wuhu Street	蕪湖街
Yee Kuk Street	醫局街
Yim Po Fong Street	染布房街
Yu Chau Street	汝州街
Yunnan Lane	雲南里

New Kowloon (Leased Territory) 新九龍街道

Apliu Street	鴨寮街
Boundary Street	界限街
Camp Street	營盤街
Carpenter Road	賈炳達道
Castle Peak Road	青山道
Cheung Fat Street	長發街
Cheung On Street	長安街
Cheung Sha Wan Road	長沙灣道
Cheung Wah Street	昌華街
Chuk Yuen Road	竹園道
College Road	書院道
Cornwall Street	歌和老道
Cumberland Road	金巴倫道
Devon Road	德雲道
Dorset Crescent	多實街
Essex Crescent	雅息士道
Fat Tseung Street	發祥街

Fuk Lo Tsun Road	福老村道
Fuk Wa Street	福華街
Fuk Wing Street	福榮街
Grampian Road	嘉林邊道
Hainan Street	海南街
Hai Tan Street	海壇街
Hau Wong Road	侯王道
Hing Wah Street	興華街
Hung Cheung Street	鴻昌街
Junction Road	聯合道
Kai Tack Bund	啓德濱
Kai Yan Road	啓仁路
Kai Yee Road	啓義路
Kak Hang Tsun Road	隔坑村道
Kent Road	根德道
Ki Lung Street	基隆街
Kiukiang Street	九江街
Kom Tsun Street	甘泉街
Kowloon Road	九龍道
Kweilin Street	桂林街
Kwong Cheung Street	光昌街
Kwong Lee Road	廣利道
Kwong Shing Street	廣成街
La Salle Road	喇沙利道
Lai Chi Kok Road	荔枝角道
Lin Chan Road	連州道
Lincoln Road	林肯道
Lion Rock Road	獅子石街
Lung Kong Road	龍崗道
Maple Street	楓樹街
Nam Kok Road	南角路

Nanchang Street	南昌街
Nathan Square	彌敦坪
Nga Tsin Long Road	衙前塱道
Nga Tsin Wai Road	衙前圍道
Norfolk Road	羅福道
Pei Ho Street	北河街
Ping Lok Road	平樂道
Po Kong Road	寶崗道
Po On Road	普安道
Poplar Street	白楊街
Pratas Street	東沙島街
Prince Edward Road	英皇子道
Rutland Quadrant	律倫街
Sa Po Road	沙浦道
Sai Kung Road	西貢道
Sam Tack Road	三德道
San Chuk Yuen Road	秀竹園道
Shek Kip Mei Street	石硤尾街
Shek Ku Lung Road	石鼓壟道
Shun Ning Road	順寧道
Somerset Road	森麻實道
Southgate Road	南門道
South Wall Road	城南道
Stafford Road	旋他佛道
Suffolk Road	沙福道
Surrey Lane	舒梨道
Tai Nan Street	大南街
Taipo Road	大埔道
Tak Ku Ling Road	打鼓嶺道
Tonkin Street	東京街
Tsap Fai Street	集輝街

Tung Chau Street	通州街
Un Chau Street	元洲街
Wai Wai Road	懷惠道
Waterloo Road	窩打老道
Wing Hong Street	永康街
Wing Lung Street	永隆街
Wong Chuk Street	黃竹街
Yat Tack Road	一德路
Yee Kuk Street	醫局街
Yee Tack Road	二德路
Yen Chow Street	欽州街
Yiu Tung Street	耀東街
York Road	約道
Yu Chau Street	汝州街

私立商務印書館函授學校

簡章摘錄

第一章　定名

第一條　本校定名爲私立商務印書館函授學校（英文名曰 The Commerial Press Correspondence Schools 簡稱爲 C. P. C. S.）。

第二條　本校設中學部及大學部，中學部業經上海市教育局核准登記，大學部現在籌備中。

第三條　本校中學部暫設國文、英文、日文、算學、自然、史地及圖書館學七科。其他各科當視社會需要陸續添設。

第二章　宗旨

第四條　本校宗旨，在輔助不能入校修業，或在校修業而欲補習某科者，使具各科必要之知識及應用之技能。對於因戰事失學在家自修之學生授以主要之學科，俾仍能升學畢業。

第四章　課程

（甲）中學部

一　國文科

第七條　國文科分初、中、高三級，附設選科分四門，其課程如左：

（甲）初級　程度約當初中一二年級

一　讀本文法作文合編　十六冊
二　尺牘教本　四冊
三　程式文範本　二冊
四　書法教本（楷書及行書）　二冊
以上爲課本
五　讀書法講義　一冊
六　字源學講義　一冊
以上爲講義

（乙）中級　程度約當初中三年級或高中一年級

一　讀本　十二冊
二　文法　六冊
三　作文法　二冊
四　尺牘教本　四冊
五　程式文範本　三冊
六　書法教本（楷書行書及草書）　二冊
以上爲課本
七　文學小史講義　一冊
八　文學概論講義　一冊
九　小學概論講義　一冊
十　邏輯學淺說講義　一冊
十一　英文漢譯法講義　一冊
以上爲講義

（丙）高級　程度約當高中二三年級

一　讀本　十冊
二　文法　六冊
三　作文法　三冊
四　名人尺牘選本　四冊
五　程式文範本　三冊
六　書法教本（各體書法）　二冊
以上爲課本
七　經學概論講義　一冊
八　史學概論講義　一冊
九　諸子概論講義　一冊
十　集部概論講義　一冊
十一　詩學概論講義　一冊
十二　詞曲概論講義　一冊

簡章摘錄（一續）

十三　英文漢譯法講義　一册
以上爲講義

選科
（甲）初級讀本　十六册
（乙）高級讀本　二十二册
（丙）文法及作文法　十七册
（丁）應用文　十六册

第八條　課本在使學者熟習應用文字之技術，概用文言編纂；惟初級文法之註解，則用語體。講義補助課本，使學者略知中國文學之門徑，其文字兼用語體文與淺近之文言文。選科祇用課本，不用講義。

二　英文科

第十一條　英文科分四級，附設選科分九門，其課程如左：

（甲）第一級　程度約當初中一二年級
1 習字(Penmanship)　四十面
2 讀音及拼法 (Phonetics and Spelling)　五册
3 讀本(English Readers)　十册
4 簡易文法(Language Lessons)　六册
5 會話(Easy Conversation)　五册
6 簡易造句 (Easy Sentence Formation)　三册
7 翻譯簡易句語 (Translation of Easy Sentences)　六册
8 記字法 (How to Remember Words)　三册

（乙）第二級　程度約當初中二三年級
1 習字(Penmanship)　四十面
2 讀本(Readers)　八册
3 文法撮要 (English Grammar Simplified)　八册
4 會話(Conversation)　六册
5 造句法(Sentence Formation)　八册
6 翻譯(Translation)　六册
7 大寫法，點句法 (Capitalization and Punctuation)　五册
8 短篇作文(Short Composition)　三册

（丙）第三級　程度約當高中一二年級
1 讀本(Readers)　六册
2 文法 (Elements of English Grammar)　十二册
3 作文(Composition)　五册
4 會話(Conversation)　六册
5 故事選錄 (A Selection of Famous Stories)　四册
6 信札(Letter Writing)　六册
7 翻譯(Translation)　六册
8 新聞譯例 (Examples of News Translation)　五册

（丁）第四級　程度約當高中二三年級
1 文學史略 (Notes on History of English Literature)　六册
2 修詞學及作文 (Rhetoric and Composition)　六册
3 文選 (Selections from Famous Writers)　五册
4 英文習語之研究 (Studies in English Idioms)　六册

簡章摘錄（二續）

5 信札(Letter Writing) 六冊
6 翻譯新聞(News Translation) 五冊
7 翻譯文件(Translation of Documents) 六冊
8 參考書(Reference Books, etc.) 五冊

選科

(甲)讀本(Reading) 二十七冊
(乙)初級文法(Elementary Grammar) 十七冊
(丙)高級文法(Advanced Grammar) 十八冊
(丁)造句(Sentence Formation) 十七冊
(戊)修詞學及作文(Rhetoric and Composition) 十六冊
(己)文學(Literature) 十六冊
(庚)信札(Letter Writing) 十二冊
(辛)初級翻譯(Easy Translation) 二十冊
(壬)高級翻譯(Advanced Translation) 十七冊

第十二條 英文科課本，由淺入深，難解字句，皆有漢文註釋。每級教材，約當學校一年半至二年之功課。凡略識英文者，欲求深造，應入英文科。畢業後，英文書報之閱讀，信札之寫作，普通文字之撰述，當能勝任。選科九門，以英文科之課本配合而成。凡曾習英文者，如覺某門功課最爲欠缺，即擇一門或二門而補習之，其收效甚大。

三 日文科

第十三條 日文科分初、高二級，其課程如左：

(甲)初級
一 日語假名發音單字 二冊
二 日語虛字及造句 五冊
三 日語文法及實用會話 五冊
四 口語文法及口語選讀 五冊
五 口語讀本 八冊

(乙)高級
一 口語與文語之關係及語文一致體 二冊
二 文語文法及文語選讀 二冊
三 文語讀本 八冊
四 書簡文用語用詞及構造 一冊
五 實用日文尺牘 十一冊
六 和歌俳句詩 二冊

第十四條 日文科課本，始於發音，終於和歌俳句，程度在普通日語補習學校之上。學者如能修讀完畢，則任何高深日語刊物，均可了解而無窒礙。

四 算學科

第十五條 算學科分初、高二級，每級各分二年，其課程如左：

初級第一年 程度約當初中一二年級
一 算術 十冊
二 代數 十二冊

初級第二年 程度約當初中二三年級
三 幾何 八冊
四 數値三角 六冊

高級第一年 程度約當高中一二年級
一 三角 六冊
二 平面幾何 九冊
三 立體幾何 五冊

高級第二年 程度約當高中二三年級

簡章摘錄(三續)

四 代數 十二册
五 解析幾何 八册

第十六條 算學科課本，敍述概用簡明語體，內容全照教育部二十五年六月修正頒行之課程標準，初級按初級中學算學科，高級按高級中學算學科。每章各附提要，俾學者習完一章，即知所應記憶之點，並附習題及其答案，用助學者複習與校正。

五 自然科

第十七條 自然科分初、高二級，每級各分二年，其課程如左：

初級第一年 程度約當初中一二年級
一 植物 八册
二 化學 十六册

初級第二年 程度約當初中二三年級
三 動物 八册
四 物理學 十六册
五 生理衛生 五册

高級第一年 程度約當高中一二年級
一 生物學 十二册
二 無機化學 十六册

高級第二年 程度約當高中二三年級
三 有機化學 八册
四 物理學 二十四册

第十八條 自然科課本，敍述概用簡明語體，內容全照教育部二十五年六月修正頒行之課程標準，初級按初級中學生理衛生、植物、動物、化學、物理各科，高級按高級中學生物、化學、物理各科。每章各附提要，俾學者習完一章，即知所應記憶之點，並附習題及其答案，用助學者複習與校正。

六 史地科

第十九條 史地科分初、高二級，每級各分二年，其課程如左：

初級第一年 程度約當初中一二年級
一 本國史 十四册
二 本國地理 十册

初級第二年 程度約當初中二三年級
三 外國史 十册
四 外國地理 六册

高級第一年 程度約當高中一二年級
一 本國史 二十册
二 本國地理 十五册

高級第二年 程度約當高中二三年級
三 外國史 十五册
四 外國地理 十册
五 自然地理 五册

第二十條 史地科課本，敍述概用簡明語體，內容全照教育部二十五年六月修正頒行之課程標準，初級按初級中學歷史、地理兩科，高級按高級中學歷史、地理兩科。每章各附提要，俾學者習完一章，即知所應記憶之點，並附習題及其答案，用助學者複習與校正。

第二十一條 史地科初級附現代問題三册，高級附現代問題四册。

七 圖書館學科

第二十二條 圖書館學科之課程如左：
一 圖書館行政
二 目錄學

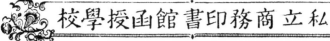

簡章摘錄（四續）

三 圖書分類法
四 圖書編目法
五 圖書選擇法
六 圖書運用法

第三十三條 圖書館學科之課本以淺顯文字編纂而成，教材皆合實用。學者如能循序研求，則畢業後對於圖書館學之基本知識，皆已具備，自有擔任普通圖書館中任何職務之能力。

第六章 報名及入學

第三十六條 有志入本校肄業者，勿論何時，均可擇定一科，並自審程度合於某級，或需要某門，填明本校所印之空白志願書，（空白志願書附在本校簡章之後，函索即寄，）連同學費，託各省各地商務印書館分館代交本校。

第三十七條 學員報名繳費後，本校即寄發課本及講義。其入中學部者，並附修業規則及入學證書。……

第七章 學費

第三十八條 本章學費均係我國法幣，如所繳並非我國法幣，須照兌換率兌成法幣。匯票不通之處得以我國郵票代替。

第四十條 本校國文科學員每人應納學費如左：

（甲）中學部

（甲）一次繳清 初級十四元；中級及高級每級十八元。

（乙）二次繳清 初級於報名時繳八元；入學後第六個月之尾繳七元。中級及高級於報名時繳十元；入學後第六個月之尾繳九元。

（丙）四次繳清 初級於報名時及入學後之第三、第六、第九個月之尾各繳四元。中級及高級於報名時及入學後之第三、第六、第九個月之尾各繳五元。

（丁）英文漢譯 中級與高級學員，如兼習英文漢譯，須另繳學費四元，一次繳清。

第四十一條 本校國文選科學員每人應納學費如左：

（甲）初級讀本 八元
（乙）高級讀本 十二元
（丙）文法及作文法 八元
（丁）應用文 十五元

選科學費皆須一次繳清。

第四十二條 本校英文科學員每人應納學費如左：

（甲）一次繳清 第一級二十元；第二、第三、第四級每級三十元。

（乙）二次繳清 第一級於報名時及入學後第六個月之尾各繳十二元。第二、第三、第四級於報名時及入學後第六個月之尾各繳十六元。

（丙）四次繳清 第一級於報名時繳八元；入學之後第三、第六、第九個月之尾各繳五元。第二、第三、第四級於報名時繳十元；入學後第三、第六、第九個月之尾各繳八元。

（丁）十二次繳清 第一級按月預繳二元，第二、第三、第四級按月預繳三元；皆繳足十二個月為止。

第四十三條 本校英文選科學員每人應納學費如左：

（甲）讀本 六元
（乙）初級文法 八元
（丙）高級文法 八元

簡章摘錄(五續)

(丁)造句 八元
(戊)修詞學及作文 十二元
(己)文學 八元
(庚)信札 十五元
(辛)初級翻譯 十元
(壬)高級翻譯 十二元

選科學費皆須一次繳清。

第四十四條 本校日文科學員每人應納學費如左:

(甲)一次繳清 初級十元;高級十五元。

(乙)二次繳清 初級於報名時繳六元;入學後第六個月之尾繳五元。高級於報名時繳九元;入學後第六個月之尾繳七元。

第四十五條 本校算學科、自然科、史地科學員每科每年應納學費如左:

(甲)一次繳清 初級第一年第二年各十二元,高級第一年第二年各十五元。

(乙)二次繳清 初級每年於報名時繳七元,入學後第六個月之尾繳六元。高級每年於報名時繳九元,入學後第六個月之尾繳七元。

(丙)四次繳清 初級每年於報名時繳五元,入學後第三、第六、第九個月之尾各繳三元。高級每年於報名時繳五元,入學後第三、第六、第九個月之尾各繳四元。

但史地科學員免修現代問題者,初級減學費一元,高級減學費二元。

第四十六條 本校圖書館學科學員,每人應繳納學費五元,一次繳清。

第十章 課藝及質問

第五十四條 本校各種課本均附有練習功課或問題,學員應一一演答,寄由本校改正發還。日文科練習功課,及算學科、自然科、史地科之習題,已由本校印有答案,學員演答後,應自行核對。

第五十五條 國文科中、高級,日文科初、高級,除演答練習功課外,國文科須作文十二篇,日文科須解答三百問。圖書館學科須解答相當問題。算學科、自然科、史地科初、高級除演答習題外,須於每一段落修畢時,解答若干問題。以上均由本校改正發還。

第五十六條 中學部學員對於課本及講義如有質問,可用課藝紙錄出,寄請本校答覆。

第十一章 畢業及獎勵

第六十三條 學員修完中學部一級或一門功課,……本校將其成績分數結算,如平均在七十分以上,給以修業證書;其在中學部國文科、日文科高級,英文科第四級,算學科、自然科、史地科初級高級,及圖書館學科畢業者,則給以畢業證書。

第六十七條 本校中學部學員修完一級功課,……平均成績在九十分以上者,本校給以獎品;國文、英文、日文三科未滿六個月而修完一級,算學、自然、史地三科未滿一年而修完一級,……成績在九十分以上者:除獎品外,本校更給以獎證。選科學員成績在九十分以上者,本校亦給以獎品。

第十二章 優待

第六十八條 本校為鼓勵升學起見,訂定優待辦法如左:

(甲)英文科學員修完一級後升入他級,本校減

私立商務印書館函授學校

簡章摘錄（六續）

收學費五元。減收之數，凡學員於一次二次或四次繳清學費者，皆於第一次應繳之學費內扣除；其分十二次繳清者，則於最後之兩期內平均扣除。

(乙)國文、英文選科學員，同時兼修二門，與修完一門後再修他門，或分別轉入國文、英文科之任何一級，本校皆減收學費三元，於第一次應繳之學費內扣除。

(丙)國文、日文科學員修完一級升入他級，本校減收學費三元，於第一次應繳之學費內扣除。

(丁)算學科、自然科或史地科學員修完初級升入高級，本校減收學費四元；一次繳費者於應繳之學費內扣除，分次繳費者於最後數期之應繳學費內計算扣除。

(戊)中學部學員同時兼入兩科或兩科以上者，減收學費如左：

(1)兼修兩科者其學費均按九折計算；

(2)兼修三科者其學費均按八五折計算；

(3)兼修四科以上者其學費均按八折計算；

(4)兼修科如係圖書館學科不減收學費。

本項減收學費一次繳費者於應繳之學費內扣除，分次繳費者於最後數期應繳之學費內計算扣除。享受本項優待之學員，遇升級之時仍得享受升級減費之優待。

第十四章　獎金

第六十九條　學員之富有自治力者，莫若函授學校之學員。本校爲鼓勵此種自治力起見，每年舉行評獎八次，於中學部國文科、英文科、日文科、算學科、自然科、史地科及圖書館學科各級畢業學員中，各擇其成績最佳者，每級三名，各給獎金。獎金之支配如左：

(甲)國文科　初級第一名二十元，第二名十五元，第三名十元。中級及高級第一名三元十，第二名廿元，第三名十五元。共獎國幣一百七十五元。

(乙)英文科　第一級第一名三十元，第二名二十元，第三名十五元。第二級、第三級、第四級第一名五十元，第二名三十元，第三名廿元。共獎國幣三百六十五元。

(丙)日文科　初級第一名二十元，第二名十五元，第三名十元。高級第一名三十元，第二名廿元，第三名十五元。共國幣一百一十元。

(丁)算學科　初級第一名三十元，第二名二十元，第三名十五元。高級第一名五十元，第二名卅元，第三名二十元。共獎國幣一百六十五元。

(戊)自然科　初級第一名二十元，第二名十五元，第三名十元。高級第一名三十元，第二名廿元，第三名十五元。共獎國幣一百一十元。

(己)史地科　第一名廿元，第二名十五元，第三名十元。高級第一名三十元，第二名廿元，第三名十五元。共獎國幣一百一十元。

(庚)圖書館學科　第一名五十元，第二名三十元，第三名二十元。每年兩次，每次獎國幣一百元。

中學部入學志願書

具志願書　　今願入

貴校　　科　　級門　肄業並願恪守

貴校章程將講義悉心研讀力求於限期之內修畢特

具志願書即請

私立商務印書館函授學校存鑒

再者學費擬照簡章第七章之規定（甲）一次繳清今繳上國幣　　元

（　）次繳清今先繳上國幣　　元嗣後於　　個月之尾　　繳

國幣　　元決不逾期合併聲明

中華民國　　年　　月　　日　具志願書學員　　簽名蓋章

本人履歷

籍貫

年齡

職業

曾在何處肄業

通信處

（如旅居海外須兼寫西文通信處）

(92355)

香港指南

中華民國二十七年七月初版

每册實價國幣壹元
外埠酌加運費匯費

編著者　陳公哲
發行人　王雲五　長沙南正路
印刷所　商務印書館　長沙南正路
發行所　商務印書館　各埠

✤F二七一五

掛圖地圖

戰時常識掛圖 沈百英編 第一組十幅 定價八角 特價六角四分 九月廿一日截止

新生活掛圖 新生活運動促進總會編 一套 甲種九角 乙種三角五分

小學校用教科實用掛圖 二十幅 三元

潭腿十二路全圖 精武體育會編 一幅 四角

小學校用生理衛生掛圖 附說明書 凌昌煥等編 十二幅 二元四角

生理解剖圖 附說明書 行政院衛生署編製 十幅 五元

法定傳染病預防圖 行政院衛生署編 全套九幅 甲種合售一元四角 零售一角八分 乙種合售五角 零售六分

小學校用算術科掛圖 附說明書 二十幅 四元

小學校用自然科掛圖 附說明書

動物組 凌昌煥等編 廿四幅 四元八角

植物組 凌昌煥編 十六幅 三元二角

礦物組 凌昌煥編 八幅 一元六角

行星圖 一幅 三角八分

星圖 一幅 四角

中國地質圖 北平濟南幅 地質調查所測製 一幅 三元

同上說明書 譚錫疇主編 一冊 一元五角

中西對照歷代紀年圖表 萬國鼎編 一冊 五角

歷代興亡圖 薛振聲編 一幅 二角

中國歷史掛圖 沈頤編 二幅 五角

中國地理教科掛圖 陳鐸編繪 十一幅 各八角五分

地勢 氣候 政區都市 人口密度 疆域變遷 交通（二幅） 礦物分布 農林 畜產分布 南京城市 上海形勢

中國分省圖 劉季辰 李長慶繪製 一冊 一元二角

新製中國地圖 附說 陳鐸編 一冊 一元七角六分

小學本國地圖 附說 陳鐸編 一冊 六角

歷代疆域形勢一覽圖 童世亨編 一冊 一元二角

中國新地圖 陳鐸編 一幅 一元二角

中國形勢一覽圖 附說 童世亨編 一冊 一元

世界形勢一覽圖 附說 童世亨 陳鎬基編 一冊 一元

中學教科適用最新世界地圖集 譚廉編 一冊 一元七角六分

世界大地圖 陳鎬基編 一幅 二元

袖珍世界新輿圖 童世亨編 一冊 七角

袖珍上海新地圖 童世亨編 一幅 三角

香港指南

編　　著：陳公哲
責任編輯：韓　佳
出　　版：商務印書館（香港）有限公司
香港筲箕灣耀興道三號東滙廣場八樓
http://www.commercialpress.com.hk
發　　行：香港聯合書刊物流有限公司
香港新界荃灣德士古道 220-248 號荃灣工業中心 16 樓
印　　刷：美雅印刷製本有限公司
九龍官塘榮業街六號海濱工業大廈四樓 A 室
版　　次：2023 年 11 月第 1 版第 5 次印刷

ISBN 978 962 07 5637 5
Printed in Hong Kong